MACHISMO, RACISMO, CAPITALISMO IDENTITÁRIO

As estratégias das empresas para as questões de gênero, raça e sexualidade

copyright Hedra
edição brasileira© Hedra 2020
coordenação da coleção Tales Ab'Sáber

edição Jorge Sallum
coedição Felipe Musetti
assistência editorial Luca Jinkings e Paulo Henrique Pompermaier
capa Ronaldo Alves

ISBN 978-85-7715-676-4

Direitos reservados em língua
portuguesa somente para o Brasil

EDITORA HEDRA LTDA.
R. Fradique Coutinho, 1139 (subsolo)
05416–011, São Paulo–SP, Brasil
Telefone/Fax +55 11 3097 8304

editora@hedra.com.br
www.hedra.com.br

Foi feito o depósito legal.

MACHISMO, RACISMO, CAPITALISMO IDENTITÁRIO

As estratégias das empresas para as questões de gênero, raça e sexualidade

Pablo Polese

1ª edição

hedra

São Paulo_2020

▷ **Pablo Polese** é sociólogo, com graduação na UNESP Araraquara, mestrado pela UNICAMP e doutorado em Serviço Social pela UERJ. Sua formação é voltada à teoria social marxista, tendo desenvolvido em seu doutorado uma análise do projeto democrático-popular do Partido dos Trabalhadores sob a ótica do suposto Neodesenvolvimentismo dos governos Lula e Dilma. É também estudioso das teorias sobre o caráter da crise capitalista, com destaque para os trabalhos de Karl Marx, David Harvey, István Mészáros, João Bernardo e Robert Kurz. Atualmente leciona no Instituto Federal de Mato Grosso do Sul, onde é coordenador do Grupo de Pesquisa Interdisciplinar em Teoria Social, Literatura e Linguística Aplicada (TESLA).

▷ **Machismo, racismo, capitalismo identitário** busca demonstrar os modos como as empresas capitalistas assimilam as pressões sociais decorrentes das lutas identitárias, em especial as lutas feminista e negra. Por meio dos mecanismos de mais-valia relativa, de desenvolvimento da produtividade e concessões estratégicas para os trabalhadores, as empresas arquitetam toda uma infraestrutura social e assim se tornam aptas a integrar as demandas das populações "periféricas" e das lutas contra as opressões de raça, gênero e sexualidade. Ao assim proceder, reforçam suas próprias raízes políticas, ideológicas e culturais nos locais onde atuam, estreitando os laços econômicos entre patrões e trabalhadores. Com a dinamização das elites empresariais, decorrente das pressões das lutas identitárias, ganha novo fôlego o desenvolvimento capitalista. Este livro trata, portanto, do modo como os capitalistas lidam com a agenda da diversidade, se antecipando e convertendo a luta contra o machismo, a homofobia e o racismo em algo lucrativo.

Sumário

Prefácio, *por João Bernardo* 7

Nota do autor 13

MACHISMO, RACISMO, CAPITALISMO IDENTITÁRIO . 21

O capital transnacional e a seleção de gestores 23

A infraestrutura social da mais-valia 29

Machismo, racismo, capitalismo. 35

Identitarismo e desenvolvimento capitalista 49

Empoderamento feminino e lucro 63

As empresas e a agenda da diversidade 77

A ONU Mulheres nas empresas, governos e universidades . . . 91

Empoderamento feminino e desenvolvimento sustentável . . 97

Sete princípios de empoderamento das mulheres 101

Uma convergência de interesses entre feminismo e
instituições capitalistas? 113

A pressão modernizante das lutas identitárias 131

Periferia empoderada. 137

Modernizam as empresas e arcaízam os trabalhadores? 183

Considerações finais 187

Bibliografia 211

Prefácio

JOÃO BERNARDO

Este livro de Pablo Polese promete uma acesa polémica. Ou será que, de tão escandaloso e difícil de refutar, há-de ser silenciado?

O desenvolvimento económico e o que em geral se denomina progresso resultam daquilo a que em termos marxistas podemos chamar aceleração dos ciclos de mais-valia relativa, ou seja, a abertura de novos patamares de exploração da força de trabalho. Pablo Polese explica abundantemente este conceito no livro, mas desde já adianto que, em palavras correntes, o aumento de qualificação dos trabalhadores, permitindo-lhes dedicarem-se a actividades mais rentáveis, e a intensificação do tempo de trabalho, diminuindo pausas e apressando ritmos, tornam possíveis inovações tecnológicas e ao mesmo tempo estimulam-nas, desencadeando novos ciclos de aumento da produtividade. É neste processo que devemos concentrar a atenção se quisermos compreender a dinâmica social.

Ora, Pablo Polese mostra neste livro que as administrações de empresa mais inovadoras estão a incorporar as reivindicações e até as formas do identitarismo, usando-as como um dos factores de crescimento da produtividade. Esta integração é fundamentalmente diferente do processo de assimilação das lutas dos trabalhadores. Neste último caso as lutas são, numa primeira fase, derrotadas internamente através de uma paulatina burocratização. A partir de então são como que viradas do avesso, e só nesta forma desnaturada é que são recuperadas e assimiladas pelo capitalismo. No processo de integração dos identitarismos, porém, não se verifica nenhuma inversão interna nem nenhuma deturpação da forma originária. Os identitarismos são incorporados tal e qual nos mecanismos da mais-valia relativa.

Esta incorporação facilita, por um lado, o pleno aproveitamento de aptidões, tanto entre os trabalhadores como entre os gestores, que antes se encontravam subestimadas por preconceitos sexuais ou raciais. Por outro lado, reduzem-se os motivos de insatisfação e de conflito, o que contribui para que os trabalhadores executem com mais boa vontade as suas tarefas e para que os gestores se dediquem com mais zelo à sua actividade. O capitalismo só é repressivo quando não pode ser outra coisa, e a paz social é uma condição para o bom funcionamento da exploração. Por outro lado ainda, na medida em que os identitarismos estimulam a união entre pessoas invocando afinidades de sexo, de preferência sexual ou de cor da pele, contribuem poderosamente para diluir a noção de classe trabalhadora e para criar uma harmonia entre pessoas pertencentes a classes económica e socialmente opostas. Nestes termos, a paz social fica reforçada. Finalmente, na era da transnacionalização do capital, que ultrapassou as velhas fronteiras, o identitarismo é o sucedâneo do nacionalismo, com todos os efeitos nocivos do nacionalismo e mais um — a tendência das presumidas identidades a multiplicarem-se sem limites. A convergência de classes, que antes era concitada pelo nacionalismo para exigir aos trabalhadores um maior esforço económico, é hoje estimulada pelos identitarismos para aumentar o entusiasmo de trabalhadores do mesmo sexo ou com as mesmas preferências sexuais ou com o mesmo tom de pele dos seus patrões.

Tudo somado, o identitarismo surge como um dos factores de aumento da produtividade no quadro do capitalismo, ou seja, de agravamento da exploração da força de trabalho mediante a mais-valia relativa, e ao desvendar esta função do identitarismo Pablo Polese abre uma perspectiva de análise com implicações políticas directas. Nas suas palavras, «a ocupação de espaços dentro do sistema não constrói a sociedade que queremos, em termos de horizontalidade, justiça e igualdade substantiva. Pelo contrário, reforça as bases políticas, econômicas, culturais e ideológicas do sistema hierárquico de exploração e opressão a que chamamos Capitalismo». E conclui: «Atualmente a lucratividade das empresas está totalmente articulada ao *politicamente correto*». Mas que o leitor não tenha receio ou, quem sabe, perca as ilusões. Não se trata neste livro de lucubrações ideológicas nem de deduções a partir de velhos textos dos clássicos defuntos. Trata-se de factos – números e relatórios de empresas. Fica assim revelada, por detrás da máscara, a realidade do identitarismo. Depois de ler a esmagadora quantidade de factos sistematizados neste livro, parece-me indiscutível que as administrações de empresa não operaram uma selecção de identitarismos, usando uns e rejeitando outros, mas aproveitaram o identitarismo no seu conjunto. As leitoras e os leitores não encontram aqui um catálogo dos identitarismos que permita distinguir os bons dos maus, quaisquer que eles sejam. Encontram a demonstração factual de que os identitarismos, globalmente considerados, são um dos motores do desenvolvimento do capitalismo.

A teia de ideologias e práticas políticas que hoje usurpou o nome e o lugar da antiga esquerda conjuga dois grandes movimentos de opinião, numa estreita simbiose: a ecologia e o identitarismo. Tal como desde há muitos anos tenho procurado mostrar em livros e artigos, os *lobbies* ecologistas pressionam à regressão das condições de vida e, portanto, ao reforço da mais-valia absoluta. Contrariamente à mais-valia relativa, a mais-valia absoluta baseia-se na extensão das jornadas de trabalho, em vez do melhor aproveitamento de jornadas mais curtas; na estagnação ou até na regressão tecnológica; e na paralisação ou declínio da produtividade – ou seja, na deterioração do nível de vida. Graças aos ecologistas, e pela primeira vez em duzentos anos, passou a emanar da mais-valia absoluta um *glamour* de modernidade. Mas embora o capitalismo nunca prescinda de formas absolutas de mais-valia, só a rapidez do seu desenvolvimento e a abertura de novos horizontes económicos e sociais, asseguradas pela mais-valia relativa, lhe dão a capacidade de ultrapassar crises e contestações. É a aceleração da mais-valia relativa que garante ao capitalismo a capacidade de sobrevivência, e Pablo Polese mostra que enquanto as discriminações sexuais e raciais estão a ser relegadas para a esfera da mais-valia absoluta, a adopção pelos empresários dos temas e das formas do identitarismo tem sido um factor de dinamização da mais-valia relativa. «As políticas de cotas e demais bandeiras inclusivas da política identitária minimizam a eficácia dos métodos de exploração da mais-valia absoluta, forçando os capitalistas a se modernizarem, a desenvolverem as forças produtivas e, assim, a recolocarem a exploração prioritariamente sobre as bases da mais-valia relativa», conclui Polese.

É este o panorama que hoje se apresenta, e nos é apresentado, como constituindo a esquerda. Que esta esquerda sirva o desenvolvimento do capitalismo não é um fenómeno novo. No final do século XIX e nos primeiros anos do século XX a esquerda hegemónica na Segunda Internacional desempenhou um papel importante no desenvolvimento da burocracia e na adequação das formas administrativas às necessidades do crescimento capitalista. Depois, durante a maior parte do século XX, aquela esquerda que assumiu o controle da revolução russa e depois se exibiu e impôs como modelo de todas as revoluções confundiu a luta contra o capitalismo com a generalização da propriedade de Estado e apresentou o comunismo como um capitalismo de Estado. Inaugurou-se agora um ciclo equivalente, que este livro de Pablo Polese tem o enorme mérito de elucidar.

Nota do autor

Foi entre 2014 e 2016 que realizei a pesquisa que deu origem a este livro. Minha ênfase recaiu em revistas, periódicos e relatórios de instituições públicas e privadas de Administração e Economia, de diversos países, incluindo o Brasil. A pretensão original era a de efetuar um robusto levantamento de dados acerca do modo como as empresas transnacionais lidam com a "pauta identitária", desvendando, assim, uma das tendências presentes no "cenário" capitalista atual. O texto, então, seria publicado como artigo ou série de artigos, mas por motivos políticos optei por deixá-lo "na gaveta". Eu tinha a impressão de que minhas conclusões acerca da relação entre capitalismo e políticas identitárias seriam recebidas com muita desaprovação no meio militante e não me sentia suficientemente confiante para enfrentar os debates públicos que porventura surgiriam. Decidi, portanto, não publicar o texto enquanto não considerasse que estavam amadurecidas as teses que nele defendo e a pesquisa que fundamenta minhas conclusões. Nesse sentido, a redação do texto ficou de lado por alguns anos, enquanto eu pesquisava mais sobre o tema, num permanente levantamento de notícias, dados estatísticos e análises acerca da relação entre economia e mulheres, economia e negros, economia e LGBTs. Trata-se de um tema quente não só no Brasil, mas em todo mundo.

A política identitária está na ordem do dia e isso foi percebido não apenas pelos partidos, sindicatos, movimentos sociais e coletivos militantes, mas também pelas empresas e instituições empresariais, que não apenas perceberam como se anteciparam e passaram a oferecer respostas lucrativas a tais tendências. Comparando as plataformas ideológicas de partidos de esquerda e as análises empresariais, como por exemplo, as da revista *The Economist*, podemos concluir que enquanto os militantes e teóricos de esquerda estão presos no século XIX os gestores das empresas transnacionais estão de olho no século XXII.

Ao abordar a relação entre economia e identitarismo este livro toca em debates delicados. A relação entre o capitalismo e as formas de luta contra as opressões de gênero, raça e sexualidade vem sendo objeto de inúmeras disputas teóricas, ideológicas e políticas dentro e fora da academia, das organizações militantes e dos espaços de trabalho e lazer. O tema da identidade e das opressões de gênero e raça está cada vez mais presente em nosso cotidiano, fazendo com que todos tenham uma opinião e se posicionem, de uma forma ou de outra, acerca da questão. Você recebe um panfleto na rua e ele fala em empoderamento feminino, assiste ao jornal e vê comemorações pela promoção de uma mulher negra a âncora e protestos pela pouca indicação de negros ao Oscar, acessa a Netflix e lá estão, cada vez mais, seriados e filmes com protagonistas femininos e negros. Não deixa de ser ilustrativo, quanto a isso, o fato de que no momento em que redigia a primeira versão desta *Nota do autor*, em 24 de novembro de 2018, me chegou por e-mail uma reportagem de *Intercept Brasil* intitulada "O que falta para negros aderirem ao black money?", com o *lead* "A população negra consome R$1,7 trilhão por ano e precisa ver o retorno desse dinheiro". Nesta reportagem lemos:

Quando a gente liga a TV, nem parece que 54% do Brasil é negro. Mesmo que a pesquisa do Instituto Locomotiva mostre que negros movimentam R$1,7 trilhão ao ano, somente 2,1% dos filmes de 2016 foram dirigidos ou roteirizados por homens negros segundo a Ancine – nenhuma produção foi dirigida ou roteirizada por uma mulher negra. Esse mesmo movimento se repete em outros setores, fazendo com que o dinheiro não retorne para esses 54% da população. Existe um vácuo. "Se 54% da população aqui é preta, por que não temos mais pretos em cargos de chefia ou na mídia? Isso se dá pela construção do negro na sociedade brasileira que precisa se encaixar em um sistema branco. Os negros ainda estão no lugar de que precisam de um branco para se dar bem na vida. Mas, se esses 54% se organizarem, a gente se levanta muito mais rápido. O dinheiro é mal gasto e não vem pra gente. Falta a consciência de comprar com os nossos", me disse o ator angolano Licínio Januário, que integra a equipe da "Tela Preta" – uma TV com equipe negra que foi lançada no último dia 20. A TV é uma construção coletiva de profissionais de audiovisual negros que buscam novas narrativas de protagonismo preto tendo como base a filosofia Black Money. "A ideia é que quem não se sinta representado quando liga a televisão, vá assistir ao nosso canal. Estamos colocando em prática um movimento que é muito maior que a gente. Queremos preparar o terreno para a próxima geração." A ideia da filosofia Black Money é criar uma forma de consumo consciente para que negros consumam de afroempreendedores (desde roupas até atendimento médico), assistam a produções negras e empreguem profissionais negros. A ideia é fazer o dinheiro circular entre os negros. "Não é algo segregatório. É uma lógica de consumo interno praticada por judeus, orientais e até em algumas comunidades periféricas onde só não se dá o mesmo nome. É uma forma de prestigiar os seus. Aqui nós vivemos o mito da democracia racial, os norte-americanos viveram segregação oficializada pelo estado. O que fez com que eles buscassem alternativas e se organizassem. Aqui o banco finge que me aceita mas me trava na porta. A relação econômica também é uma forma de poder e cria uma rede de proteção. A população negra consome muito, mas consome errado", argumenta o sociólogo e produtor cultural carioca Rodrigo França. Os teatros do centro do Rio de Janeiro tiveram cinco espetáculos negros em cartaz ao mesmo tempo, no meio deste ano, com plateia lotada e 85% de público negro. Dados do Sebrae apontam que mais da metade dos empreendedores do Brasil são negros – desses a maior parte são mulheres – e já trata os afroempreendedores como uma categoria específica. Algumas iniciativas se propõem a facilitar os negócios e o consumo. O aplicativo Kilombu reúne anúncios de serviços e negócios de profissionais negros. A plataforma Movimento Black Money produz conteúdo e promove cursos para afroempreendedores. Além da REAFRO, uma rede de empreendedores negros e do Instituto Feira Preta, que mapeia os afroempreendedores. "Se a gente pensar quantos afroempreendedores existem e que são poucos os que estão em situação tranquila, veremos que é preciso um trabalho de conscientização. É algo que só vai acabar quando tirarmos dos nossos a ideia de que somos todos humanos", concluiu Licínio Januário.

O apelo a que negros "prestigiem os seus" é replicado por outros: mulheres que devem se apoiar em mulheres, LGBTs que devem se fortalecer entre LGBTs, moradores das periferias que devem apoiar os "favelados". "Elas por elas", "nós por nós" e "aqui é favela", são apenas alguns dos *slogans* identitários atualmente em voga. Essa estratégia de fortalecimento e de trocas (desde emotivas até econômicas) "entre os seus" se apresenta inicialmente como algo progressista e admirável, na medida em que sujeitos historicamente oprimidos estariam se unindo em prol do combate conjunto à marginalização e ao racismo, machismo e lgbtfobia a que são submetidos cotidianamente. Ganhando voz, portanto, em um mundo que ao longo de séculos os excluiu e silenciou. O corte identitário das formas de resistência e organização destes sujeitos possui, no entanto, uma série de elementos contraditórios, muitas vezes reforçando aquilo que buscam combater. Algumas dessas contradições serão abordadas mais à frente.

Após a leitura da reportagem de *Intercept Brasil* reproduzida acima já podemos ter uma ideia da força e abrangência da rede institucional que articula identitarismo e economia, com os afroempreendedores, as empreendedoras mulheres, os empreendedores LGBTs e os empreendedores periféricos já constituindo categorias econômicas específicas. Em janeiro de 2020 o Banco Goldman Sachs anunciou que só fará IPO (abertura e oferta inicial de capital na Bolsa de Valores) de empresas com mulheres na liderança. Trata-se de uma notícia intrigante, não? Ao longo do livro vou expor algumas das formas de articulação e tornar claras algumas das armadilhas e contradições inerentes à forma como tem sido construída a relação entre identitarismo, empresas e desenvolvimento econômico, bem como, é claro, o papel ali desempenhado pelas teorias e organizações que lutam contras as opressões de gênero, raça e sexualidade.

Depois da primeira redação deste pequeno livro pretendi, sem sucesso, englobar os dados e análises mais recentes, que confirmam e muitas vezes tornam mais complexas as questões abordadas, porém uma revisão do manuscrito me convenceu de que uma profunda atualização não era necessária para garantir a consistência da análise que empreendo e para que o livro cumpra aquilo que almeja: fomentar o debate. Em 2018 pareceu-me, então, que o manuscrito já havia descansado o suficiente e já poderia vir a público, até porque já haviam surgido, aqui e ali, estudos que concluem coisas semelhantes às que concluo. Além disso, surgiram nos últimos anos pesquisas e publicações que apresentam dados e análises acerca da absorção da diversidade pelo mundo empresarial, como, apenas a título de exemplo, o livro de Pedro Jaime, *Executivos Negros: Racismo e Diversidade no mundo empresarial* (2017); o livro *Mulheres e Poder,* de H. P. Melo e D. Thomé (2018) e o livro *O lado negro do empreendedorismo: afroempreendedorismo e black money* (2019), de Maria Angélica Dos Santos. Vale ainda pontuar que após a redação inicial do livro houve na *The Economist* um debate sobre se "As ações afirmativas deveriam ser descartadas?" (2018) e outros dois acerca da relação entre economia e LGBTs: "As empresas devem trabalhar para promover os direitos das pessoas LGBT de forma ampla, em vez de se concentrarem apenas em seus próprios funcionários?" (2016) e "As empresas devem ser livres para se recusar a disseminar ideias com as quais discordem (como assar um bolo com uma mensagem pro-gay)?" (2018).[1]

Após 2016 enviei o manuscrito deste livro para alguns pesquisadores e militantes próximos, que atuam nas lutas negra e feminista, a fim de colher críticas e sugestões. Isso resultou em algumas revisões de passagens e inserção de notícias, dados e análises mais recentes. A eles agradeço o incentivo e especialmente as críticas e sugestões. Espero, agora, recebê-las dos novos leitores.

---

1. Cf. <*https://debates.economist.com/debate/affirmative-action*>; <*https://debates.economist.com/debate/should-businesses-work-advance-lgbt-rights-broader-society-rather-just-their-own-employees*> e <*https://debates.economist.com/debate/businesses-should-not-be-compelled-law-endorse-ideas-which-they-disagree-such-baking-cake-pro*>.

Por fim, um agradecimento especial ao João Bernardo, à Suellen Abreu, ao Lucas Monteiro (Legume), ao Manuel Nascimento (Manolo), ao Leo La Selva, à Ingrid Fernandes, ao Douglas Rodrigues Barros, ao Wanderson Chaves e aos colegas do grupo de pesquisa do IFMS, primeiros interlocutores que contribuíram com críticas e sugestões quanto à forma e matéria do livro. Ao João agradeço ainda por ter aceitado, gentilmente, o convite para escrever o prefácio. Agradeço também ao Tales Ab'Sáber pela cuidadosa leitura e incentivo à publicação do material, e ao Paulo Arantes, por me convidar para apresentar o trabalho no Seminário das Quartas (USP), onde recebi valiosos comentários e duras críticas, que me ajudaram a entender melhor meu próprio livro.

MACHISMO, RACISMO,
CAPITALISMO IDENTITÁRIO

O capital transnacional e a seleção de gestores

Nas últimas décadas o capitalismo passou por mudanças no plano da divisão internacional do trabalho que impõem um olhar crítico à antiga visão acerca do par conceitual "centro–periferia". Os rumos tomados pela divisão internacional do trabalho, conforme avançava o desenvolvimento capitalista, levaram ao esvanecimento da cisão "norte–sul" no plano global, onde o norte representava as economias avançadas enquanto no sul habitavam as economias subdesenvolvidas etc. A própria lógica de divisão do trabalho entre "nações", se um dia foi correta, hoje não se sustenta. Em larga medida, pensar criticamente a questão do "centro" e "periferia" do sistema capitalista é o mesmo que tratar das formas de ser do imperialismo hoje, o que exige que observemos as táticas das empresas transnacionais a fim de se garantirem enquanto empresas lucrativas e aparelhos de poder.

É com respeito ao caráter das empresas enquanto aparelhos de poder que buscarei demonstrar os modos como as empresas assimilam as pressões sociais decorrentes das lutas identitárias, em especial as lutas feminista e negra. Por meio dos mecanismos de mais-valia relativa as empresas se tornam aptas a integrar as demandas dessas lutas. Ao assim proceder, reforçam suas próprias raízes políticas, ideológicas e culturais nos locais onde atuam, estreitando os laços econômicos entre patrões e trabalhadores. Com a dinamização das elites empresariais, decorrente das pressões das lutas identitárias, ganha novo fôlego o desenvolvimento capitalista. O texto a seguir trata, portanto, do modo como o capitalismo absorve as pautas identitárias e converte as lutas antiopressão (especialmente machismo e o racismo) em algo lucrativo.

A título de exemplificação dos problemas decorrentes da manutenção do uso do par analítico centro – periferia sugerimos que se observe a questão dos investimentos externos diretos (IED). O próprio Lenin, um dos primeiros teóricos do imperialismo, já alertara, no início do século XX, para o fato de que a dinâmica de expansão do capitalismo em sua "fase imperialista" deve ser medida não pela exportação de mercadorias, mas pela exportação de capital, cuja modalidade atual mais importante é o IED.

Definem-se assim os investimentos originários de um país e dirigidos para outro, que asseguram ao investidor o controle ou, pelo menos, um interesse duradouro e uma influência decisiva na empresa onde o capital é aplicado. Considera-se habitualmente que o investimento externo é directo quando permite adquirir uma participação superior a 10% do capital de uma empresa. (BERNARDO, 2011: 1)

A exportação de mercadorias gera efeitos econômicos reduzidos se comparados aos efeitos duradouros e a repercussão em múltiplas direções dos IED. Por meio desses investimentos a empresa se reforça economicamente no âmbito do país de origem mas, ao expandir sua atuação para outro espaço geográfico, se sustenta também no país que recebeu o IED, portanto pode suceder que com os IED a empresa não se reforce no país de origem e sim no país que recebe o investimento. Isso ocorre porque os IED permitem que se ponha em prática uma *estratégia de deslocalização*. Por meio dos IED as geografias empresariais se tornam distintas das geografias nacionais e deixam de coincidir com elas. Veremos que esse modo de operar do capital transnacional traz fortes implicações sobre a forma como as empresas e governos passarão a responder às pressões das lutas sociais organizadas em torno de pautas de combate à discriminação de raça, gênero e sexualidade e, em especial, aquelas que demandam a integração econômica das "minorias".

Essa amplitude dos tentáculos econômicos fortifica política, econômica e ideologicamente a empresa transnacional. É por meio dos IED, e não da exportação de mercadorias, que as empresas multi e transnacionais tecem a rede de internacionalização de seus capitais.

Em *The Globally Integrated Enterprise* um dos principais nomes da IBM, Samuel Palmisano, afirmou que foi em meados do século XIX que surgiu o que se pode designar como "companhia internacional". Tratava-se, fundamentalmente, de empresas que buscavam abrir ou controlar rotas comerciais internacionais a fim de usá-las para a importação de matérias-primas e exportação de mercadorias. Palmisano aponta que a "segunda fase da vida das companhias iniciou-se em 1914, com a primeira guerra mundial e o subsequente colapso das economias nos Estados Unidos e na Europa", quando a Guerra causa uma interrupção das rotas comerciais e as políticas protecionistas dos anos 1920 e 1930 se tornam obstáculos para o comércio internacional, o que leva à formação das companhias multinacionais. Segundo Palmisano essas empresas eram "híbridas": "Por um lado, adaptaram-se às barreiras comerciais desenvolvendo a produção no local. [...] Por outro lado, as companhias multinacionais prosseguiram num âmbito global algumas tarefas, nomeadamente a pesquisa e desenvolvimento e o *design* de produtos" (PALMISANO, 2006: 2).

Na etapa seguinte, a partir da década de 1970, teria se dado a formação de companhias de fato integradas em âmbito global. Estas empresas "moldam a estratégia, a gestão e as atividades tendo em vista um novo objetivo: a integração da produção e a obtenção de valor à escala do mundo inteiro", de modo que "as fronteiras dos países definem cada vez menos os limites do pensamento e da ação das companhias" (ibid: 3). Complementando a análise de Palmisano, João Bernardo acrescentou que "a crescente subcontratação das actividades permite às companhias ultrapassar quaisquer quadros nacionais e converterem-se em integradoras de actividades especializadas" (BERNARDO, 2011: 3).

O papel das empresas enquanto *integradoras de atividades especializadas* se soma a uma lista de papéis estratégicos exercidos pelos gestores no sentido de articulação e integração global entre as empresas. Outro elemento característico das transnacionais – e importantíssimo para o tema deste livro – reside no modo de recrutamento dos gestores:

Está morta e enterrada a época do "fardo do homem branco", quando administradores com a nacionalidade da matriz eram metidos em barcos, depois em aviões, para irem dirigir as filiais no outro lado do mundo, reprodutores e propagandistas da cultura originária da companhia. Agora, a tendência para dar um carácter plurinacional e intercultural, verdadeiramente cosmopolita, às administrações das empresas é um efeito e uma condição da transnacionalização. (PALMISANO, 2006: 4)

No que diz respeito à esquerda, esse aspecto da transnacionalização do capital toca diretamente na questão do ganho de expressividade das políticas identitárias, na medida em que elas adentram o processo de seleção e disponibilização de sujeitos para um quadro gestorial mais "colorido". Este livro buscará demonstrar alguns elementos desta problemática de implicações profundas para a prática política da esquerda e em especial para os coletivos e movimentos de luta feminista, contra o racismo e contra a homofobia (englobando o preconceito contra LGBTIQ: lésbicas, gays, bissexuais, transgênero, travestis/transexuais, intersexuais e queer/não binários).

A infraestrutura social da mais-valia

Quando a empresa indiana *Tata Iron* surgiu, em 1907, o alto funcionário britânico do ramo dos caminhos de ferro, Sir. Frederick Upcott, observou: "Você quer dizer que Tata está propondo fazer trilhos de aço para especificações britânicas? Por quê? Eu me comprometo a comer cada libra de trilho de aço que eles conseguirem fazer". Exatamente 100 anos depois a *Tata Steel* adquiria a anglo-alemã *Corus*, uma das maiores empresas transnacionais do ramo siderúrgico. Algumas promessas não chegam a ser pagas.

João Bernardo observou certa vez que para que uma empresa indiana pudesse se desenvolver em um ramo até então monopolizado pelos colonizadores do país foi necessária uma enorme luta antirracista dos indianos, de modo que fossem aceitos como seres humanos iguais aos britânicos. O capitalismo recuperou essa luta e assimilou-a, tal como a dos chineses e dos africanos, e foi graças a isso que adquiriu novo fôlego com os BRICS e a atual reorientação dos centros geográficos hegemônicos.

O desenvolvimento econômico capacita as empresas mais dinâmicas a anteciparem os conflitos sociais por meio de concessões materiais aos trabalhadores, as quais são oferecidas (ou arrancadas) em termos de maior quantidade de remuneração ou de bens e serviços que entram, no quadro em sua totalidade, como formas de remuneração direta e indireta. Essas concessões não se dão *em termos de valor* e sim de *produtos e serviços*, por isso a classe trabalhadora passa a receber mais, em termos de salário e demais formas de *remuneração e "inputs"*, mas recebe menos em termos de valor. Sendo assim, ao contrário do que a aparência indica, com estes aumentos salariais a classe trabalhadora é agora mais explorada que antes, em termos relativos. Estamos aqui na seara do aumento da produtividade, onde um número superior de bens de uso e de serviços pode corresponder a uma quantidade inferior de tempo de trabalho incorporado (valor) nestes bens. Trata-se da ação dos mecanismos da mais-valia relativa, os mecanismos de aumento da exploração via desenvolvimento das forças produtivas. Estes mecanismos estão à disposição dos capitalistas em suas disputas nos conflitos de classe e entre capitais.

Os setores avançados das classes capitalistas sabem como articular os mecanismos de mais-valia relativa e as pautas democráticas das lutas sociais. Aqueles que pretendem erguer barreiras racistas contra os imigrantes, como Donald Trump ou Ted Cruz, nos Estados Unidos, ou como os países do *Grupo de Visegrád* (Hungria, Polônia, República Checa e Eslováquia), na União Europeia, representam não os grandes ou médios capitalistas, mas uma parte do proletariado dessas nações, a parte menos qualificada, diga-se de passagem. Isso se dá por conta de que muitas vezes a entrada de mão-de-obra imigrante rebaixa o nível dos salários e aumenta a concorrência entre trabalhadores, operando uma seleção que, obviamente, prejudica os trabalhadores menos qualificados. Não por acaso foram estes trabalhadores que na Grã-Bretanha votaram a favor do Brexit e, na última eleição presidencial da França, em Marine Le Pen. Por outro lado, seguindo a linha estratégica progressista do principal veículo formativo da classe gestorial, a revista *The Economist*, a chanceler alemã Angela Merkel pretende regularizar a entrada de refugiados na Europa, assim como nos Estados Unidos as Câmaras de Comércio defendem o fluxo livre dos imigrantes. Atualmente, em todas as grandes economias encontramos o conflito entre grupos mais voltados ao protecionismo/bilateralismo e grupos mais afeitos à globalização/mundialização do capital.

Os mecanismos de mais-valia relativa, impulsionadores do incremento da produtividade e, assim, do desenvolvimento econômico, permitem a recuperação das demandas dos trabalhadores, incorporando-as de modo lucrativo. São estes elaborados métodos de assimilação das lutas dos trabalhadores que garantem a *infraestrutura social* da mais-valia relativa, a estruturação social adequada para o livre desenvolvimento das forças produtivas e seus meios refinados de incremento da exploração dos trabalhadores. Para compreender adequadamente o modo como operam os mecanismos de mais-valia relativa deve-se ter sempre em mente que a mais-valia não é e não se mede apenas pelos salários e demais formas de remuneração, mas em termos de asseguramento da continuidade e aprofundamento de um versátil sistema de exploração do tempo de trabalho. A mais-valia não diz respeito apenas a uma equação matemática entre trabalho pago e trabalho não pago; diz respeito a uma relação social e às condições para que essa relação social continue operando, depois de passar por mutações e se ajustar às condições históricas, políticas, ideológicas, econômicas e culturais impostas no decorrer da luta de classes.

As formas políticas dentro das quais se desdobram as lutas de classes assentam nos métodos de extração de mais-valia. Assim, a democracia não pode ser adequadamente compreendida se não entendermos como o capitalismo articula a assimilação das lutas e a recuperação das conquistas dos trabalhadores. Os dispositivos estatais e empresariais de exploração e de dominação precisam constituir uma hegemonia estável, o que demanda que os aparelhos de poder tenham *capilaridade* no tecido social. A hegemonia do capital por sobre os trabalhadores exige que os aparelhos de poder possuam canais de proliferação e comunicação desde o topo até a base, desde o amplo e geral até o minucioso e particular. Os aparelhos de poder precisam operar e operam tanto no âmbito macro da articulação entre Estados e entre empresas quanto na microfísica, nos vasos capilares da vida social, e não se compreende esse elemento da dominação de classe senão por meio da dinâmica própria aos mecanismos da mais-valia relativa e seu correlato político, a democracia.

Em termos marxistas clássicos, portanto, a democracia é a superestrutura política que corresponde ao que na infra-estrutura econômica constitui a mais-valia relativa. Não se quer, com isso, dizer que na democracia não há exploração do trabalho via mecanismos de mais-valia absoluta, de aumento do tempo e intensidade da jornada de trabalho em condições técnicas e organizacionais estáticas, ou que não haja exploração via mais-valia relativa em regimes autoritários e ditatoriais. Trata-se do acento, o polo hegemônico, a forma política melhor adaptada para dar livre vazão aos determinantes sistêmicos da forma econômica, e sob o capitalismo contemporâneo esta reside na democracia e sua forma econômica mais desenvolvida e dinâmica, a mais-valia-relativa.

Vale notar, contudo, que os mecanismos de mais-valia relativa não eliminam a extração de mais-valia absoluta, mas tão somente a deixam em segundo plano, usando, quando necessário, os mecanismos de incremento da exploração via força, coerção e violência ou, o que diz respeito mais de perto ao tema deste livro, utilizando os elementos de discriminação de gênero, de raça, de sexualidade, de nação, de etnia e cultura enquanto elementos de rebaixamento geral do salário, muitas vezes violando a lei do valor (a lei da troca de equivalentes) e potencializando a exploração de mais-valia absoluta. Defendo, aqui, que o sistema capitalista não precisa e não lhe convém manter-se atrelado aos mecanismos de mais-valia absoluta que reproduzem as opressões e discriminações.

Machismo, racismo, capitalismo

Ser mulher numa posição de liderança numa área tecnológica tem sido um percurso com dificuldades que hoje em dia já está mais generalizado? Esta foi a pergunta feita à representante do *Facebook* em Portugal e Espanha, Irene Cano, que respondeu: "Eu creio que ser mulher hoje em dia é menos complicado que há 30 anos. Para mim nunca vi que ser mulher fosse uma dificuldade para me impor nesta área e aqui no Facebook já estou há nove anos".[1]

Para quem compõe o *staff administrativo* das empresas transnacionais de hoje em dia a resposta de Irene, negando os costumeiros (e anacrônicos) pesos restritivos impostos pelo machismo à ascensão das carreiras das mulheres de negócios, não causa espanto. Nas grandes empresas, o caso da executiva do Facebook é a regra, e não a exceção, pois as altas esferas das empresas capitalistas mais dinâmicas já superaram há muito tempo os preconceitos contra mulheres, negros e homossexuais. Estão nestas empresas os setores capitalistas mais inteligentes e cosmopolitas, antenados com o modernismo e a modernização, atentos, digamos assim, aos ares dos novos tempos. Trata-se de gestores despojados que ainda que ocasionalmente se mostrem, em suas vidas privadas, ma-

---

1. Cf. <*https://bit.ly/2y6jhuF*>.

chistas, homofóbicos ou racistas, em suas práticas laborais não deixam, pois não podem deixar, essas características influenciarem em suas formas de gestão do grande capital.

Os gestores encarregados das empresas transnacionais costumam ser pessoas qualificadas que rapidamente aprendem como recuperar e assimilar os resultados das lutas das "minorias" ativas de negros, amarelos, mulheres, gays, lésbicas, transexuais etc., enquanto o pequeno capital e a maioria da classe trabalhadora permanecem muito mais tempo apegados ao nacionalismo e à reprodução dos preconceitos de raça, gênero e sexualidade. Este é um dos motivos que levam a que ganhem vitalidade renovada, *no seio da classe trabalhadora*, as opressões de gênero, raça e sexualidade, o que leva os setores organizados dos trabalhadores a terem de empreender lutas de reação a essas opressões, identificando-as, muitas vezes, como inerentes ao próprio capitalismo, uma vez que são historicamente persistentes e ocorrem tanto nas áreas de desenvolvimento econômico avançado quanto nas periferias.

De fato as discriminações de raça, gênero e sexualidade têm força e caráter global. Quanto à questão do assédio sexual, por exemplo, os dados da ONG Catalyst apontam que cerca de 50% das mulheres da União Europeia denunciaram algum tipo de assédio sexual no local de trabalho. A Organização Internacional do Trabalho (OIT) indica que, no mundo todo, mais de 50% das mulheres já foram vítimas de assédio sexual, mas a maioria não denuncia por falta de provas.[2]

---

2. Há que se ponderar, contudo, que à medida que se tornaram um instrumento de chantagem nas disputas entre trabalhadores e capitalistas, a própria denúncia de assédios − especialmente quando não se define claramente o que se quer dizer com a palavra − acaba compondo dados não

O racismo, a lgbtfobia e o machismo cotidiano podem assumir muitas formas, inclusive se manifestando como microagressões. Algumas delas podem ser sutis, como quando alguém pressupõe que um colega de trabalho ocupa um cargo inferior àquele que de fato exerce. Já outras podem ser mais explícitas, como quando alguém ofende, assedia ou humilha um colega de trabalho. Essas formas de desrespeito não recaem igualmente por sobre todo e qualquer trabalhador, e sim refletem a desigualdade de gênero e raça, pois as microagressões são quase sempre direcionadas a pessoas com menos poder, como mulheres, negros, lésbicas, gays, bissexuais, transgêneros e pessoas queer. Estima-se que para mais de 60% das mulheres as microagressões são uma realidade no local de trabalho. Mais do que os trabalhadores homens, elas geralmente precisam comprovar sua competência e são com mais frequência questionadas em sua área de especialização. Além disso, as mulheres são duas vezes mais propensas que os homens a serem confundidas com alguém em uma posição laboral inferior, e a situação das mulheres negras é particularmente mais grave.

---

confiáveis. Não se quer dizer com isso, é obvio, que o assédio (inclusive sexual) não seja uma prática recorrente em empresas, mas o caráter problemático da questão transparece de diversos modos. Veja-se, por exemplo, o curioso caso que tem ocorrido em Wall Street após a repercussão das denúncias do movimento #MeToo: "Os efeitos do movimento MeToo estão a fazer com que os homens evitem viajar ao lado de mulheres. Ou, se estiverem em reuniões privadas, manterem a porta aberta. Em vez de assistir a uma correcção de comportamentos, as mulheres estão a ser excluídas e os homens afastam-se de uma queixa de assédio sexual para serem acusados de discriminação com base no género". Cf. "Em Wall Street, os homens já não querem estar ao lado de mulheres". Disponível em: <https://bit.ly/3bJAA3g>.

Também a orientação sexual e identidade de gênero resultam em maiores discriminações contra as pessoas LGBTIQ+. Cerca de 70% das mulheres lésbicas já lidaram com microagressões, e no caso delas há algumas dificuldades específicas: elas são mais propensas que outras mulheres a ouvir comentários humilhantes no ambiente de trabalho e, além disso, a maioria sente que não pode falar sobre suas vidas pessoais no trabalho, devido à probabilidade de sofrerem com o preconceito e discriminação.

O impacto do preconceito pode ser observado em diversos níveis, a começar pelo local onde se ganha o sustento. As mulheres que experimentam microagressões veem seus locais de trabalho como menos justos e são três vezes mais propensas a querer deixar o emprego.

O assédio sexual, por seu turno, continua a permear o local de trabalho. 35% das mulheres empresárias dos EUA experimentaram assédio sexual em algum momento de suas carreiras, desde ouvir piadas machistas até serem tocadas de maneira sexual. Para algumas, a experiência é ainda mais comum: 55% das mulheres na liderança sênior, 48% das mulheres lésbicas e 45% das mulheres nos campos técnicos relatam que foram assediadas sexualmente. Segundo as pesquisas[3] da McKinsey & Co de onde retirei estes dados uma linha comum conecta esses grupos: mulheres que não se conformam às expectativas femininas tradicionais, mantendo a autoridade, não sendo heterossexuais e trabalhando em campos dominados por homens, são mais frequentemente alvos de assédio sexual.

---

3. Cf. Relatórios *Women in the workplace* 2015, 2016 e 2017. Disponível em: <*https://cutt.ly/wysuonR*>.

No Brasil, de acordo com o Instituto de Pesquisa Econômica Aplicada (Ipea), 67% dos casos de violência contra as mulheres são cometidos por parentes próximos ou conhecidos das famílias das vítimas, 70% das vítimas de estupro são crianças e adolescentes e apenas 10% dos estupros são notificados. Entre as mulheres negras brasileiras, os assassinatos aumentaram 54% entre 2003 e 2013, segundo o Mapa da Violência de 2015, elaborado pela Faculdade Latino-Americana de Ciências Sociais (Flacso), OPAS, ONU Mulheres Brasil e Ministério das Mulheres, Igualdade Racial e Direitos Humanos. Esse número é elevado mesmo se comparado aos 21% de incremento nos assassinatos de mulheres no mesmo período. Das mortes violentas, 50,3% são cometidas por familiares e 33,2% por parceiros ou ex-parceiros.

Com relação à cor da pobreza, os dados do último Relatório Socioeconômico da Mulher mostram que as mulheres negras são as que mais morrem por causas obstétricas: 64% das mortes se dão entre mulheres negras e 34% ocorre entre mulheres brancas. Dos 774 milhões de adultos analfabetos no mundo, 64% são mulheres, de acordo com o relatório da Unesco publicado em 2013. As mulheres são as principais responsáveis pelos afazeres domésticos, de acordo com nossa experiência diária e também com uma pesquisa do Ipea.[4] A média de dedicação semanal das mulheres a esse tipo de trabalho é de 25 horas semanais, contra a média de 10 horas semanais entre homens. Em nível global, um relatório de 10

---

4. Para maior detalhamento ver "Mudanças no mercado de serviços domésticos: uma análise da evolução dos salários no período 2006–2011", DOMINGUES, E. P. & SOUZA, K. B, 2012. Disponível em: <https://bit.ly/2Y7WdGu>.

anos de pesquisa da McKinsey & Co tematizando avanços e dificuldades no processo de ascensão de mulheres a cargos de comando das empresas concluiu:

No início de nossa pesquisa, em 2007, destacamos o duplo ônus das mulheres: sua responsabilidade relativamente maior pelas tarefas domésticas enquanto mantêm um emprego. Na Europa naquela época, as mulheres passavam o dobro do tempo em tarefas domésticas que os homens. As mulheres que entrevistamos enfatizaram como isso — juntamente com a necessidade de se tornarem disponíveis a qualquer hora, em qualquer lugar, para mostrar que estavam falando sério sobre o trabalho — era uma grande barreira para seu avanço. Seu fardo não se tornou muito mais leve. O relatório *Women in the Workplace 2017* descobriu que mais da metade das mulheres entrevistadas faz todo ou a maior parte do trabalho doméstico. E as mulheres com filhos e parceiros têm 5,5 vezes mais probabilidade de fazer a totalidade ou a maior parte do trabalho doméstico do que os homens na mesma situação familiar. Não surpreendentemente, talvez, também descobrimos que as mulheres que fazem a maior parte do trabalho doméstico têm aspirações mais baixas de subir para os degraus mais altos da escada corporativa em comparação com as mulheres que compartilham a responsabilidade.[5]

No Brasil, a média salarial feminina corresponde a 74,5% da média salarial masculina, de acordo com a Pesquisa Nacional por Amostra de Domicílio (Pnad) de 2014. Segundo os dados da RAIS (Relação Anual de Informações Sociais) de dezembro de 2014[6] a diferença de remuneração média entre homens e mulheres é um pouco menor, correspondendo a 82,39%, entretanto há diferenças significativas a depender do grau de instrução, com as mulheres de Superior Completo

---

5. Cf. < *https://mck.co/3eYVNIv*>.
6. Cf. <*https://bit.ly/358doJw*>.

recebendo apenas 61,67% do salário recebido por homens de mesma qualificação. Mulheres com mestrado e com doutorado recebem, respectivamente, em média 68% e 77,9% do que é pago a homens com mesmo grau de instrução. Nos estratos menos qualificados, a diferença é menor, porém também é expressiva: mulheres analfabetas recebem cerca de 83% do salário de homens analfabetos, enquanto mulheres com ensino fundamental incompleto, ensino fundamental completo, ensino médio incompleto e ensino médio completo recebem, em média, de 67% a 72% do que é pago a homens com o mesmo grau de instrução.

As mulheres negras, além de receberem menos, apresentam uma maior concentração em ocupações de menor remuneração: um estudo de 2009 do IPEA apontou que 21% das mulheres negras no Brasil são trabalhadoras domésticas, contra 12,5% das mulheres brancas, e apenas 22% têm carteira assinada.[7]

Em relação aos dados nacionais da RAIS referentes aos dados de emprego (celetistas ativos) por Raça/Cor e Sexo em 2013 e 2014 (31 de dezembro) podemos perceber que, num cenário de perda de empregos (com carteira assinada) de homens brancos a uma taxa de -2,57% houve aumento do número de celetistas ativos negros e pardos a uma taxa de +1,11% e +2,98, respectivamente. Uma diferença expressiva.

---

7. Em agosto de 2014 entrou em vigor a Lei das Domésticas, que previa carteira assinada, jornada de trabalho definida e pagamento de horas extras às trabalhadoras deste ramo. Três anos depois, entretanto, 70% das domésticas seguiam na informalidade. Segundo pesquisadores isso se devia ao encarecimento dessa força de trabalho em um cenário de crise econômica, o que teria levado muitas pessoas a preferir diaristas e a evitar a contratação de empregadas domésticas conforme a lei. Disponível em: <https://bit.ly/3aLo2nI>.

Do mesmo modo, enquanto o número de mulheres brancas empregadas manteve-se estacionado em praticamente a mesma proporção, na comparação entre 2013 e 2014, as mulheres negras e pardas com vínculo celetista ativo cresceram +5,71 e +7,22%, respectivamente. A taxa de variação relativa no número de empregos de mulheres indígenas apresenta o impressionante número de -16,35% (ou 6,7 mil menos mulheres indígenas empregadas), frente a um acréscimo de +4,37% de homens indígenas. Em números totais, entre 2013 e 2014 houve um aumento global de empregos celetistas a uma taxa de 0,41% para homens (acréscimo de 98,7 mil vínculos), enquanto isso o número de mulheres empregadas aumentou a uma taxa de 3,06%, o que representa um acréscimo de mais de 580 mil empregos. Enquanto 333 mil homens brancos perderam o vínculo empregatício, cerca de 54 mil negros (na maioria mulheres) e 566 mil pardos (na maioria mulheres) passaram a ter emprego com carteira assinada. O conjunto dedados demonstra que houve, portanto, transferência de empregos de homens para mulheres e de pessoas brancas para pessoas negras e pardas.[8]

A explicação para estes dados pode ser encontrada na própria concorrência entre trabalhadores por postos de trabalho celetista, uma vez que haja diferenciação salarial para menos quando o empregado não é branco e nem homem. Nesse sentido, os patrões estariam substituindo o corpo de

---

8. Os dados podem ser ainda mais expressivos se pensarmos que, em 2013, 2,85 milhões e, em 2014, 3,16 milhões de trabalhadores não identificaram sua cor de pele, se tratando, muito provavelmente, de pessoas não brancas. Este contingente "não identificado" apresentou altos índices de crescimento nas taxas de vínculo celetista: 181,7 mil homens e 133,6 mil mulheres passaram, de 2013 para 2014, a ter emprego com carteira assinada, o que significa um aumento anual de 10,5% e de 12%.

funcionários masculinos e brancos por pessoas "dispostas" a receber menos enquanto desempenham a mesma função. Por isso cabe observar os dados referentes a essa variável.

Quanto à diferença na remuneração de acordo com o grau de instrução e Raça/Cor, os dados da RAIS referentes à remuneração média do mês de dezembro de 2014 são os seguintes: os negros com ensino superior completo recebem em média apenas 67,58% do salário de brancos com a mesma qualificação. Já os pardos com ensino superior recebem 72,35% do salário pago aos brancos. Os pardos com ensino superior incompleto recebem em média 79,8% do que é pago aos brancos, e os negros com superior incompleto recebem em média 82,8% do valor pago a brancos. Nos demais níveis de instrução (analfabeto, até o 5º ano do ensino fundamental, 5º ano completo, do 6º ao 9º ano incompleto, ensino fundamental completo, ensino médio incompleto e ensino médio completo), que abarcam a vasta maioria dos empregos, o salário de negros e pardos costuma representar entre 84% e 91% do que é pago aos brancos de mesma qualificação, portanto a disparidade salarial é maior nos estratos de maior grau de instrução e maior remuneração. Do ponto de vista estritamente econômico a substituição de mão de obra celetista branca e masculina por trabalhadores de cor e mulheres estaria, a princípio, relacionada a estes ganhos de se pagar em média mais de 10% a menos para mulheres e pessoas de cor. Em termos salariais essa diferença representa pagar 100 reais a menos para negros e pardos analfabetos (salário de pessoa branca sendo de em média R$1250), 150 reais a menos para negros e pardos com ensino médio incompleto (salário de pessoa branca sendo em média R$1465), significa pagar de 200 a 300 reais a menos para negros e pardos com ensino médio completo (salário de brancos sendo de em média R$1840), e significa pagar, em média, R$2719 reais para brancos, R$2170 para pardos e R$2252 para negros, portanto cerca de 500 reais a menos para pessoas de cor. Já no estrato com ensino superior completo a disparidade é ainda maior absoluta e relativamente: paga-se em média R$5589 reais para brancos, R$3777 para negros e R$4044 para pardos, portanto os patrões pagam de 1500 a 1800 reais a menos para pessoas de cor.

Para os capitalistas, as vantagens econômicas de se contratar mulheres e pessoas de cor são, portanto, por si mesmas evidentes. Contudo, neste livro defendemos a hipótese de que a substituição de mão de obra (vislumbrada acima) também está ligada a fatores políticos e ideológicos que extrapolam os ganhos patronais em termos de diferença salarial e remetem para ganhos mais amplos. Ou seja, a empresa contrata mulheres e pessoas de cor não apenas porque lhes paga em média um salário inferior, mas também porque junto com seus lucros cresce também a imagem da empresa como empresa "cidadã", de "responsabilidade social", que adere à "agenda da diversidade" e se preocupa com a "inclusão social", num processo com efeitos em cascata que terminam por reforçar a capilaridade do poder empresarial por sobre os trabalhadores, na exata medida em que eles se mostram mais obedientes e menos conflitivos quando seu superior hierárquico é do mesmo gênero e cor.

Os dados, entretanto, confirmam pela enésima vez que há disparidade salarial motivada por fatores de gênero e raça. Em primeiro lugar, é preciso pontuar que, se inerentes ao capitalismo ou não, o fato é que existem e se reproduzem no capitalismo formas nefastas de machismo, racismo e homofobia, formas que precisam ser combatidas com vigor pela classe trabalhadora organizada, uma vez que é ela a mais prejudicada pelas opressões e discriminações. O problema, contudo, é que o atraso e a debilidade histórica das organizações dos trabalhadores na luta contra as opressões de gênero, raça, etnia e sexualidade tem levado, nas últimas décadas, a formas de reação organizada a essas opressões que permitem que se entranhe na esquerda um conjunto de políticas identitárias pautadas na *teoria dos privilégios*.

A teoria dos Privilégios reconhece que as opressões são estruturais e históricas, porém enfatizam exageradamente os comportamentos e pensamentos individuais como a principal forma de abordar o racismo, o machismo e outras opressões. Essa teoria tem um conjunto de princípios básicos:

a. A Teoria dos Privilégios argumenta que os espaços do movimento devem ser seguros para todos os grupos oprimidos. Uma forma de tornar tais espaços seguros é negociando as relações entre uns e outros de formas não opressivas. Isto significa, por exemplo, que homens brancos heterossexuais deveriam falar menos ou pensar sobre seus privilégios quando se discute uma ação ou questão política.

b. A Teoria dos Privilégios alega que a militância e a sofisticação política são o domínio de uma elite privilegiada baseada em privilégios de classe, gênero e raça.

c. A Teoria dos Privilégios atribui erros políticos e estratégicos aos privilégios pessoais que as pessoas carregam para dentro do movimento.

d. A Teoria dos Privilégios busca lidar com essas questões primeiramente através da educação, com formações e debates. (WILL, 2014: 1)

Com a teoria dos privilégios a própria luta contra as opressões passa a ser tematizada não em termos de organização de classe, mas em termos de organização e resistência dos oprimidos, vetando-se, inclusive, que sujeitos políticos não diretamente oprimidos se somem, em termos igualitários, em uma luta contra determinada opressão. A política posta em prática pela teoria dos privilégios aprofunda e complexifica a fragmentação dos trabalhadores, diluindo suas consciências de classe. Ao mesmo tempo, os capitalistas consolidam a sua unificação à medida que, embora concorram entre si, promovem relações sociais de exploração em comum e são organizados por uma mesma tecnocracia gestorial capitalista, que é quem elabora as diretrizes dos programas socioeconômicos.

Se no âmbito teórico o identitarismo se alimenta das teorias pós-estruturalistas, no plano político o multiculturalismo e o identitarismo podem ser entendidos como formas de nacionalismo adaptadas à época do capital transnacional. Tal como ocorria com os nacionalismos, os identitarismos apresentam como sendo homogêneas algumas pseudo-identidades que, na realidade, são rasgadas por diferenças de classe. Os identitarismos são o nacionalismo da época da transnacionalização na mesma medida em que atualmente as fronteiras nacionais não dividem cada identidade. Isso permite que os identitarismos multipliquem os defeitos dos nacionalismos, num sentido ainda mais profundo, pois enquanto o nacionalismo se autolimita por conta da questão da língua e das fronteiras territoriais não existe nada que limite ou trave as subdivisões feitas sob a égide da noção de identidade. Sobre isso, João Bernardo comenta[9] que "a conhecida tese de que «o corpo é político» é o limite último do identitarismo, a identidade reduzida ao indivíduo". Não por acaso vimos noticiados, nos últimos anos, alguns casos esdrúxulos, como por exemplo a história da mulher que afirma ser um gato num corpo humano[10] e a do homem que entrou com um processo para mudar de idade e ficar 20 anos mais jovem. Emile Ratelband, em entrevista à BBC, disse o seguinte: "Quando estou no Tinder e digo que tenho 69 anos, ninguém me responde. Quando eu digo que tenho 49, com o rosto que tenho, estarei em uma posição de luxo", e arrematou: "Vivemos em um tempo em que você pode mudar seu nome e seu gênero. Por que não posso decidir sobre minha própria idade?".[11]

Com expressividade no plano do pensamento acadêmico, e aceitas enquanto elementos a uma vez táticos e estratégicos postos em prática pelas lutas contra as opressões, as lutas identitárias se mostram como algo distinto do que aparentam, ou seja, não como elementos de subversão da lógica machista, racista e homofóbica presente no sistema, o que lhes daria um caráter subversivo e antissistêmico, mas enquanto agentes que dinamizam o capitalismo, agentes de incremento dos mecanismos de desenvolvimento capitalista que, por isso, tornam o sistema mais forte, ao invés de debilitá-lo. Alguns dos motivos que levam os movimentos identitários a reforçar o capitalismo serão expostos a seguir.

---

9. Cf. <*https://bit.ly/2VImVnA*>.

10. Cf. "Transespécie: Mulher afirma ser um gato num corpo humano". Disponível em: <*https://bit.ly/2W5Pbzl*>.

11. Cf. "Dutchman, 69, brings lawsuit to lower his age 20 years". Disponível em: <*https://bbc.in/3cPDKCM*>.

Identitarismo e desenvolvimento capitalista

Os movimentos identitários são um agente do dinamismo capitalista porque defendem políticas afirmativas que têm como resultado a integração de negros, mulheres, LGBTs e "minorias" étnicas nas camadas dominantes. Sendo assim, contribui com a renovação das elites e fornece os quadros gestores a serem convocados pelas transnacionais. A teoria e prática identitária são, portanto, agentes do dinamismo do capitalismo na medida em que as lutas identitárias resultam na dinamização das elites, substituindo o que há de velho e anacrônico. A renovação das classes dominantes reforça a capilaridade do poder ao estender e reforçar a legitimação do domínio capitalista para as trabalhadoras, para os trabalhadores negros, para os trabalhadores e trabalhadoras LGBTI e de "minorias" étnicas. Essa legitimação se dá de modo tácito, conforme os trabalhadores passam a ver o sistema como menos hostil à sua própria ascensão social. Passam a sonhar com a mobilidade social ascendente e a arquitetar, politicamente, as formas de garantir tal ascensão, seja valorizando nichos de mercado ocupados e geridos por representantes dessas minorias (pense-se, por exemplo, nas táticas do *Movimento Black Money*), seja pressionando Estado e empresas a absorverem representantes negros, mulheres, LGBTs.

Quando uma luta identitária por integração cidadã das "minorias" termina sendo vitoriosa estamos diante de algo contraditório, afinal uma vez que o racismo, o machismo e demais formas de discriminação e de opressão são usados pelos capitalistas de modo a que a exploração de classe assente nas bases nefastas da mais-valia absoluta — que todo trabalhador quer evitar — qualquer avanço no sentido do solapar de tais bases seria, por si só, algo a se comemorar. A questão é até que ponto a integração cidadã e trabalhista do negro, da mulher e de outros grupos *excluídos* de fato contribui com o fim das discriminações estruturais que histórica e cotidianamente os afligem.[1]

A mais-valia absoluta, como sabemos, é caracterizada pelas formas de aumento da exploração pela via da *força*, sub-remuneração, emprego informal, terceirização, prolongamento da jornada e demais formas de precarização do trabalho e corrupção da lei do valor. Apesar dos avanços das últimas décadas em termos de integração dos grupos subalternos, a situação de desigualdade entre homens e mulheres no mercado de trabalho perdura, o que permite que capitalistas explorem as camadas femininas, negras e LGBTI da força

---

1. A ideia de "exclusão social" é corretamente criticada pelo sociólogo José de Souza Martins, que a considera "inconceituável, imprópria, vaga e indefinida". O conceito de exclusão substitui a ideia de "processo de exclusão", tornando a questão contraditória da posição social dos sujeitos algo mecânico e fixo, como se houvesse um dentro e um fora da sociedade de classes. Ao invés de excluídos, o que temos no capitalismo são sujeitos que são socialmente *incluídos de modo rebaixado* em processos sociais, políticos e econômicos desiguais. Empobrecido, o conceito de exclusão expressa algo como "o destino dos pobres", remetendo a "situações objetivas de privação" (MARTINS, 2002, p. 43), o que distancia a análise do essencial: a luta por transformações sociais que quebrem os fundamentos dos processos sociais de exclusão, e não meramente por integração, o que implica estar a favor das relações sociais existentes, que, no entanto, se mostram "inacessíveis a uma parte da sociedade" (2002, p. 47). Por fim, segundo Martins, discutindo a exclusão "deixamos de discutir as formas pobres, insuficientes e, às vezes, até indecentes de inclusão" (1997, p. 21).

de trabalho, bem como minorias étnicas, emigrantes etc. a níveis crescentes, rebaixando o nível médio salarial e, assim, incrementando os níveis de exploração da classe trabalhadora como um todo.

A supressão da diferença salarial assentada em discriminações de gênero, raça, nacionalidade etc. é uma bandeira secular das lutas dos trabalhadores, lutas por *igualdade* que nada tem a ver com as lutas identitárias atuais por *reservas* de espaços que operam por meio do nivelamento de identidade e classe. Esse nivelamento apaga os traços de classe e pressupõe que negros, imigrantes, mulheres e LGBTs são, via de regra, mais explorados, o que não é verdade. As mulheres e os imigrantes não são sempre mais explorados, mas sim as mulheres e os imigrantes pior qualificados. Os negros na África do Sul não são igualmente explorados ou superexplorados, havendo conflitos entre trabalhadores igualmente africanos pertencentes a grupos étnicos rivais, porém igualmente negros, e resultando em níveis distintos de exploração e mesmo, é claro, de elites negras que exploram trabalhadores negros.

Do mesmo modo e tocando a fundo nos limites das categorias identitárias, há ainda as empresas, cada vez mais comuns, constituídas inteiramente de mulheres ou inteiramente de negros ou de imigrantes ou de LGBTs, o que reduz a mobilidade destes trabalhadores e trabalhadoras e, assim, rebaixa seus níveis salariais, proporcionando maior lucro para os empresários proprietários de tais empresas. Os trabalhadores mais qualificados são menos explorados, não importa sua origem ou identidade. Não por acaso um dos dilemas do Brexit é justamente como barrar a entrada de imigrantes de baixa qualificação e ao mesmo tempo promover a vinda de imigrantes qualificados.

A potencialização da exploração por meio do machismo, racismo e variadas formas de discriminação constitui, evidentemente, um problema apresentado pelo capitalismo, mas um problema cuja solução, longe de se apresentar como algo impossível, tem se mostrado algo muito lucrativo. De acordo com um relatório de 2015 do *McKinsey Global Institute*, a resolução da desigualdade de gênero em todas as suas dimensões adicionaria US$ 28 trilhões ao PIB global em 2025.[2] No Brasil, essa mudança poderia gerar um PIB 30% maior, em 2025, com até US$ 850 bilhões a mais em circulação.

Não por acaso, é possível dizer que a maioria dos preconceitos de raça, de gênero e de preferência sexual situam-se no interior da classe trabalhadora, sendo coisa do passado para os capitalistas proprietários e especialmente para os capitalistas gestores. A resolução na prática destes preconceitos e discriminações no interior das relações entre capitalistas – bem como sua persistência nas relações entre trabalhadores – se deve à forma como a transnacionalização do capital uniu os capitalistas e fragmentou os trabalhadores, entre outras coisas, ao impor-lhes rígidos processos de competição por vagas de trabalho e lutas pela manutenção de padrões salariais e direitos trabalhistas.

---

2. Apesar de representarem 50% da população global em idade ativa, os dados de 2018 mostram que, globalmente, as mulheres geram 37% do PIB. A contribuição média global para o PIB mascara, contudo, grandes variações regionais: a parcela da produção regional do PIB gerada por mulheres é de apenas 17% na Índia, 18% no Oriente Médio e Norte da África, 24% no Sul da Ásia (excluindo a Índia) e 38% na Europa Ocidental. Na América do Norte e Oceania, China e Europa Oriental e Ásia Central, a participação é de 40 a 41%.

Segundo os dados do IBGE (*Instituto Brasileiro de Geografia e Estatística*) a diferença de salário entre brancos e negros/pardos diminuiu em 2015, quando os trabalhadores negros ganharam, em média, 59,2% do rendimento dos brancos. Isso significa que a média de rendimento de trabalhadores negros e pardos é de cerca de R$ 1510,00, enquanto brancos recebem, em média, R$ 2550,00. Esse número mostra um avanço em relação a 2003, quando os negros não ganhavam nem metade (48,4%) do salário dos brancos, mas a disparidade segue bem demarcada. Com respeito à disparidade de gênero o resultado foi de que em 2015 as mulheres ganharam, em média, 75,4% do rendimento dos homens. Além de comprovar os impactos materiais do machismo e do racismo, tais dados expressam o processo perverso de rebaixamento dos níveis salariais, num ciclo de reforço do machismo e racismo por parte de homens e brancos prejudicados pela *existência* de mão-de-obra sendo vendida a valor inferior (atualmente é mais comum que esse movimento, que opõe trabalhadores entre si, seja percebido enquanto tal quando há oferta de mão de obra barata imigrante, mas de modo algum se trata de um fenômeno restrito ao trabalho imigrante).

Embora os dados atuais apontem forte disparidade de rendimentos, de 2003 a 2013 a desigualdade de salários de brancos e negros diminuiu: o salário dos negros subiu em média 51,4%, enquanto o dos brancos aumentou uma média de 27,8%. É preferível pensar que não, mas é possível que essa redução da desigualdade resulte no reforço do racismo de brancos "prejudicados" pela ascensão econômica dos negros, em especial se tal ascensão se deu por meio de qualquer tipo de facilitamento legal, como por exemplo a imposição de cotas. Certamente, a disparidade de aumentos salariais impacta positivamente no ganho de expressividade dos discursos identitários, uma vez que comporta uma unidade entre ideologia e ganhos materiais, inclusive imediatos, o que é essencial para que uma luta em torno de determinadas pautas ganhe corpo e aceitação frente aos interessados em construí-la.

A desigualdade de gênero e de cor da pele se reflete também, embora em menor grau, na dificuldade de obter emprego. De acordo com dados de 2013, do *Dieese*, 53,9% dos trabalhadores que procuravam emprego há menos de um ano eram mulheres e 53,3%, negros, sendo que a taxa aumenta entre os desempregados há mais de um ano: nesta situação, 63,2% são mulheres e 60,6% negros.[3] No entanto, o progresso na redução da desigualdade parece ser notável quando observamos que entre 2003 e 2013 o desemprego entre mulheres negras caiu de 18,2% para 7,7% (SPITZ, 2013). No caso da desigualdade com relação ao grupo LGBTI temos a mesma lógica de discriminação, e potencializada (cf. OTONI, I., 2014; MORAES E SILVA, S. F., 2012; REDE BRASIL ATUAL, 2016). Como se explica que os mesmos grupos sociais que recebem menos sejam também os que mais estão sujeitos ao desemprego? A resposta, nos parece, deve necessariamente levar em conta os níveis de impedimento e de acesso, por parte destes grupos, aos processos de qualificação da força de trabalho, o que remete ao tema das cotas nas seleções de Universidades etc.

No que diz respeito à composição de cor das elites no Brasil, um levantamento feito pela *Folha de São Paulo* constatou que são brancos 80% dos deputados federais, 74% dos governadores, 90% dos reitores e vice-reitores das universidades, 84% dos atores das 5 novelas em exibição na TV brasileira em

---

3. Cf. <*https://bit.ly/2KEXYDq*> e <*https://bit.ly/3aBs3y8*>.

2015, 75% dos presidentes dos Conselhos regionais e federal de Medicina.[4] Quanto à disparidade de gênero nas remunerações da força de trabalho, segundo Helena Hirata "ainda há um diferencial de salário da ordem de 30% no caso do Brasil, entre 20% e 25% na França, e que chega a 40% ou até 50% no Japão, onde as mulheres continuam ganhando quase a metade com relação aos homens".[5]

As lutas identitárias assentam, portanto, em bases indiscutíveis de desigualdade de gênero, cor de pele, etnia e também sexualidade (embora seja difícil encontrar dados sobre o tema). A questão deste livro não diz respeito à legitimidade da luta feminista, da luta contra o racismo e contra as diferentes formas de discriminação, mas ao modo como tais questões são pautadas pelos movimentos identitários. O aspecto central, a meu ver, diz respeito à forma como as pessoas se organizam em torno daquelas pautas e, especialmente, o modo como o capitalismo responde a essas lutas e demandas, incorporando-as de modo a se fortalecer.

Desde sua criação o *Instituto Ethos de Empresas e Responsabilidade Social* buscou se articular com o "Movimento de Responsabilidade Social Empresarial", o "Pacto Global" e as "Metas do Milênio", programas e orientações internacionais que vinham ganhando espaço desde pelo menos a IV *Conferência Mundial sobre População e Desenvolvimento*, realizada em 1994, no Cairo. Já em 2004, por exemplo, o Instituto defendia que a

---

4. Cf. <*https://bit.ly/3bIMk6h*>.
5. Cf. <*https://bit.ly/358FsfO*>.

construção de um modelo de desenvolvimento sustentável vem cumprindo o papel de elo entre as agendas dos governos, das empresas, dos movimentos sociais e das organizações da sociedade civil em todo o mundo. A última década do século xx viu crescer o movimento de responsabilidade social empresarial como balizador das relações de mercado. Grandes corporações internacionais têm adotado a responsabilidade social como um dos critérios para avaliar e selecionar seus fornecedores e parceiros. Bancos e agências financiadoras vêm incluindo cláusulas sociais e ambientais em suas políticas e nos contratos de concessão de crédito. As empresas brasileiras também participam dessa tendência. O crescimento do próprio Instituto Ethos de Empresas e Responsabilidade Social é um indicador desse fato. Criado em 1998 por um grupo de apenas 11 empresas, o Ethos conta hoje com 876 associadas, cujo faturamento totalizado equivale a 30% do PIB brasileiro. Em todo o país, cada vez mais empresas têm considerado as práticas de responsabilidade social como critério para selecionar fornecedores, conceder crédito ou mesmo dirigir seus investimentos. (2004: 15)

Atento às tendências sociológicas, culturais, políticas e ideológicas das lutas de classes e à possibilidade de se antecipar a elas de modo lucrativo, Jorge Abrahão, diretor-presidente do *Instituto Ethos*, afirma em entrevista que as empresas precisam avançar mais rapidamente na "valorização de diversidades, sejam elas de gênero, raça ou orientação sexual". Comentando o estudo feito pelo Instituto onde se observou que somente 5% dos cargos executivos no Brasil são ocupados por negros, sendo que sua representação na sociedade brasileira é de 51%, o diretor pontuou: "As empresas têm que reconhecer esse problema, mas não como uma tarefa, e sim como um entendimento de que a diversidade é uma riqueza para qualquer companhia". Abrahão defende que as empresas invistam em "ações de qualificação direcionadas para as minorias e usem a busca pela diversidade como critério em processos seletivos".

A pesquisa do *Instituto Ethos* foi feita em parceria com o *Ibope Inteligência*, coletando em 2010 dados das 500 maiores empresas do Brasil. De 1162 diretores apenas 62 eram negros e 119 eram mulheres, sendo apenas seis mulheres negras. Dentre assistentes e secretários do quadro funcional 31,1% eram negros, número que caía para 25,6% nos cargos de supervisão e apenas 13,2% estavam em cargos de gerência. No ritmo de crescimento de 2007 a 2010 a equiparação de gênero e cor nos cargos de chefia seria alcançada apenas daqui a 150 anos [6], mas como a desproporção tem sido reduzida a um ritmo acelerado ano a ano (em 2013 5,3% dos postos de comando do topo da hierarquia corporativa das grandes companhias eram ocupados por negros, sendo que dez anos antes este dado era de 1,8%) este dado provavelmente não reflete o movimento histórico real, ou seja, a continuar o ganho de expressividade destas pautas, como tem ocorrido em diversos países, a igualdade de gênero e de raça nos postos de comando das empresas será alcançada em poucas décadas.

Em 2016 o *Instituto Ethos* divulgou uma pesquisa feita em parceria com o Banco Interamericano de Desenvolvimento (BID) e a Secretaria de Promoção da Igualdade Racial da Cidade

---

6. Cf. <*https://bit.ly/2KCYP7B*>. Em nível global também se constata um ritmo mais lento do que o ideal: com base em dados de 462 empresas que empregam mais de 19,6 milhões de pessoas, um relatório da *McKinsey Global Institute* concluiu que embora esteja havendo um movimento global de adoção empresarial da agenda da diversidade as mulheres permanecem sub-representadas, especialmente as mulheres de cor, de modo que "as empresas precisam mudar a maneira como contratam e promovem funcionários de entrada e de nível gerencial para obter um progresso real". Cf. <*https://mck.co/2W5qKC6*>.

de São Paulo (SMPIR), o *"Perfil Social, Racial e de Gênero dos 200 Principais Fornecedores da Prefeitura de São Paulo"*. Essa pesquisa faz parte das ações do *Fórum São Paulo Diverso — Fórum de Desenvolvimento Econômico Inclusivo*, promovido pela SMPIR e pelo BID. No relatório final é posto que a pesquisa "pretende contribuir para a construção de políticas indutoras das ações afirmativas", uma "estratégia que dará sustentabilidade ao desenvolvimento nacional", de modo que "as corporações necessitam compreender que elas e a sociedade são entes interdependentes".

O *Fórum São Paulo Diverso* pretende estimular a "adoção de práticas empresariais inclusivas e ações afirmativas na gestão interna e em relações com *stakeholders*" (público estratégico); em 2015 "contou com autoridades dos governos federal e municipal e CEOs de grandes corporações" (por exemplo, *Bayer, Microsoft, IBM, Grupo Kroton, Carrefour, Itaú-Unibanco e Citibank*) "para discutir e associar a temática étnico-racial a questões como ações afirmativas, educação, tecnologia e empreendedorismo", de modo que os presentes puderam debater suas "expectativas para a inclusão social por meio de políticas corporativas de afirmação étnico-racial, da própria legislação brasileira, da educação e do empreendedorismo". Comentando o papel das empresas na "agenda da diversidade" (a qual pode ser definida como uma maior proporção de mulheres e uma composição étnica e cultural mais mista e "colorida" na liderança de grandes empresas), o diretor-presidente do *Ethos*, Jorge Abrahão, afirmou:

Muitas são as ações que podem ser estabelecidas nas empresas: a preparação de pessoas negras para cargos gerenciais e executivos, o estabelecimento de ações afirmativas para negros em processos seletivos de trainees, o treinamento das equipes de recursos humanos, mais notadamente, o recrutamento e seleção para a adoção de critérios de diversidade em seus processos seletivos, entre outras. [...] É preciso investir continuamente na promoção da igualdade de oportunidades e incorporar a valorização da diversidade na cultura organizacional, transformando a empresa em um ambiente que acolha as diferenças e valorize os seus talentos, *tendo em vista o melhor desempenho dos negócios* e as transformações que queremos na sociedade. Não será em um dia que mudaremos desigualdades que foram construídas em centenas de anos, mas os programas de inclusão podem nos ajudar a acelerar um processo de reversão de uma tendência, que, além de desvantajosa para o resultado do negócio, é inaceitável em um mundo como o corporativo, que, muitas vezes, *antecipa o futuro*.[7]

Na visão estratégica de longo prazo dos gestores a capacidade de antecipar o futuro é o que diferencia uma empresa que irá à bancarrota econômica ou que verá resultados positivos nas estratégias de expansão. Em notícia de 2012, Paulo Itacarambi, vice-presidente executivo do *Ethos*, afirmou que

De modo geral, as empresas reagem de duas maneiras perante a questão das metas para promoção de diversidade: uma pequena parte sai na frente e adota *iniciativas pioneiras que, às vezes, estão mais adiantadas que as próprias leis aprovadas*. Outras resistem enquanto podem e só mudam a maneira de agir quando não têm mais jeito. A experiência demonstra que *as empresas que saem na frente garantem seu lugar nos corações e mentes dos consumidores* e seu lugar no futuro. Elas acumulam resultados tangíveis e intangíveis.[8]

O reconhecimento do valor dos resultados intangíveis é um dos elementos que diferencia os capitalistas gestores, com sua visão voltada para a conversão em longo prazo destes resultados intangíveis em sustentados resultados tangíveis,

---

7. Cf. <*https://bit.ly/2W4MVIK*>.
8. Cf. <*https://bit.ly/2KEYmBS*>.

dos capitalistas burgueses, que são apenas os proprietários das empresas e predominantemente têm sua atenção voltada para os lucros a curto prazo.

Já em 2004 o *Instituto Ethos* colocava, sem rodeios, a relação íntima entre integração das mulheres e maior lucratividade das empresas:

Promover as mulheres no mundo do trabalho em geral também é interessante para as empresas, pois isso colabora para aumentar a qualificação dos profissionais disponíveis no mercado. Além disso, mulheres mais qualificadas e com maior renda resultam num mercado consumidor maior e mais dinâmico, com repercussões positivas em toda a economia. Outro aspecto significativo é o crescente segmento do mercado consumidor que orienta suas opções de compra por critérios de responsabilidade social. Uma empresa que contribui para a igualdade de oportunidades entre homens e mulheres é reconhecida pela sociedade, especialmente pelas próprias mulheres, que hoje representam uma grande força na opinião pública e no mercado consumidor. (2004: 17)

Quanto ao potencial feminino em termos de mercado consumidor, o *Instituto* informava que:

Metade da população brasileira, as mulheres também são uma força no mercado consumidor. Além de serem as maiores responsáveis pelas decisões de compra de alimentos, cosméticos, joias, roupas e eletrodomésticos, sua opinião também tem peso na aquisição de produtos como microcomputadores, previdência privada e seguro de vida e é decisiva na hora de escolher bens de consumo duráveis, como o carro da família. Metade dos cartões de crédito existentes no país está em mãos de mulheres. (2004: 19)

Antes do próximo tópico cabe, no entanto, um breve parêntesis: a superação do racismo, do machismo, do sexismo etc. entre os gestores é visível nas grandes empresas transnacionais e também nas instituições políticas e econômicas internacionais, como por exemplo o FMI, a ONU e o Banco Mundial. No plano nacional os preconceitos são mais persistentes e historicamente duradouros, sobretudo em países onde perdura entre as elites políticas e econômicas uma mentalidade escravocrata, como é o caso do Brasil.[9] Essa realidade, inclusive, certamente atrasará nos brasileiros a percepção e enfrentamento às armadilhas das lutas identitárias. Conforme as empresas transnacionais varram as empresas nacionais comandadas por estas elites retrógradas a tendência é uma maior absorção social das pautas identitárias, o que tende a ser refletido em substituições dos caciques políticos que não se adequarem ao espírito *colorido* do tempo. Nesse sentido, o ganho de expressividade do identitarismo anda junto com os processos de modernização econômica e política.

---

9. Apenas para ilustrar: "Mulheres negras enfrentam discriminação, racismo ainda persiste no trabalho". CONTRAF, 2015. Disponível em: <*https://bit.ly/2Y9OrMp*> e "Transexualidade e discriminação no mercado de trabalho". MORAES E SILVA, S. F., 2012. Disponível em: <*https://bit.ly/2KCHonv*>.

Empoderamento feminino e lucro

De acordo com uma pesquisa de 2012 da *McKinsey*[1] as empresas com os quadros executivos mais diversos em termos de raça e gênero tiveram resultados melhores entre 2008 e 2010. A análise do desempenho de 180 empresas na França, Alemanha, Reino Unido e Estados Unidos mostrou que companhias classificadas no topo do ranking de diversidade tiveram uma taxa de retorno do investimento dos acionistas 53% maior na média e um EBIT (*Earnings Before Interest and Taxes*, o lucro antes de encargos financeiros e impostos) 14% mais alto. Pesquisa de 2013 da *Bain Company*[2] enfatizou que o apego às "diferenças de estilos" entre a liderança de homens e de mulheres não constituem uma "boa estratégia em momentos de tomadas de decisão", uma vez que assim se perde a capacidade de respostas inovadoras em face dos problemas. Enquanto isso, uma pesquisa de 2014 da AT&T, intitulada *Diversidade e inclusão global: promovendo a inovação por meio da diversidade na força de trabalho*[3], também afirmava que a diversidade é um fator de lucratividade, concluindo que a inclusão é uma forma de assegurar que serviços, produtos e atendimentos estejam de acordo com "anseios dos mais diversos públicos consumidores".

---

1. Cf. <*https://mck.co/3bIJqOF*>.

2. Cf. <*https://bit.ly/2HeCbEp*> e <*https://bit.ly/2SdBWvr*>. Do mesmo modo, matéria pontua que "Com a valorização de diferentes estilos de liderança, mais mulheres poderão conquistar posições de alta gestão em empresas brasileiras" Cf. <*https://bit.ly/3aELCWd*>.

3. Cf. <*https://bit.ly/2Sev8oD*>.

Já um relatório de 2014 do *Gallup Institute*, relativo a 800 unidades de negócios de duas empresas varejistas, mostrou que as empresas cujo número de mulheres e homens é proporcional tiveram uma receita média 14% maior do que as menos diversas. Outro estudo, feito com mais de 150 empresas alemãs ao longo de cinco anos, mostrou que uma média de 30% de participação feminina nos conselhos de administração já indica melhores resultados financeiros em relação a conselhos sem mulheres.[4]

A superação, dentre os capitalistas (em suas práticas empresariais), das discriminações contra mulheres, negros e LGBTs não advém de maior esclarecimento. Ela assenta em uma base material muito sólida.

O *Peterson Institute for International Economics* publicou, em fevereiro de 2016, um documentado estudo intitulado "*Is Gender Diversity Profitable? Evidence from a Global Survey*", onde informa que a análise de uma pesquisa global de 21,980 empresas de 91 países sugeriu que a presença de mulheres em posições de liderança corporativa pode melhorar o desempenho da empresa. Segundo o estudo, esta correlação poderia ser um reflexo tanto da recompensa às empresas que não discriminam quanto do fato de que as mulheres aumentam a diversidade de habilidades (*skills*) de uma empresa, dando a ela um diferencial funcional. A presença das mulheres na liderança das empresas é correlacionada de modo positivo com outras características das empresas, tais como o tamanho. Não se chegou a resultados positivos ou negativos quanto ao impacto decorrente das quotas de gênero, existentes em

---

4. Cf. <*https://bit.ly/2KCIotj*>.

alguns países, sobre o desempenho da empresa, mas confirmou-se que podem ser significativas as recompensas por políticas que facilitam a ascensão de mulheres na hierarquia das empresas: uma passagem de 0 a 30% de mulheres nos cargos de comando está associada a um acréscimo de 15% nos lucros. Segundo essa pesquisa, os maiores ganhos são para a proporção de mulheres executivas, seguidos pela proporção de membros do conselho do sexo feminino. Conclui-se, no entanto, que a presença de CEOs do sexo feminino, por si só, não tem qualquer efeito perceptível no desempenho da empresa, o que ressalta a importância da criação de uma escalada de gerentes do sexo feminino e não simplesmente de se ter mulheres solitárias no topo da empresa.

Erhardt, Werbel, e Shrader (2003) e Carter et al. (2007) constataram que um maior equilíbrio de gênero entre os líderes empresariais está associado a valores de estoque mais elevados e maior rentabilidade. Outra pesquisa (McKinsey 2012b) sobre as empresas norte-americanas concluiu que os conselhos mistos de gênero superam os conselhos masculinos. Do mesmo modo, as empresas da *Fortune 500* com a maior proporção de mulheres nos seus conselhos têm desempenho significativamente melhor do que as empresas com a menor proporção (Catalyst, 2011). A empresa de contabilidade *Rothstein Kass* (2012) concluiu que os fundos de *hedge* chefiados por mulheres superam os chefiados por homens. Mais diversidade nos cargos de comando também contribui positivamente para o desempenho das empresas na América Latina (McKinsey, 2013) e Espanha (CAMPBELL e MÍNGUEZ-VERA, 2008 e 2009).

Outros estudos perceberam ganhos decorrentes de um equilíbrio maior de gênero em setores e circunstâncias específicas. Dezso e Gaddis Ross (2011), por exemplo, constataram que a adição de mulheres líderes melhora o desempenho em empresas orientadas para a inovação. Lindstädt, Wolff e Fehre (2011) perceberam resultados positivos no aumento da liderança feminina em empresas orientadas para o consumidor. Eles também perceberam que as empresas que têm uma força de trabalho predominantemente feminina são muito beneficiadas quando têm líderes femininas. No mesmo sentido, Flabbi, Macis, e Schivardi em *"Do Female Executives Make a Difference?: The Impact of Female Leadership on Firm Performance and Gender Gaps in Wages and Promotions"* (2012) concluem que "os executivos do sexo feminino fazem a diferença", uma vez que "a interação entre a liderança feminina e trabalhadoras mulheres na empresa tem um impacto positivo significativo sobre o desempenho da empresa". Sugere-se que um mecanismo importante por trás dessa interação é a política salarial onde a existência de uma liderança feminina implica aumentos salariais para as mulheres no topo da distribuição de renda e diminuição de salários para as mulheres na parte inferior. Haveria, portanto, "custos de produtividade associados com a sub-representação das mulheres no topo da empresa".

Jurkus, Park, e Woodard (2011) constataram que o aumento da equidade de gênero pode ser benéfico em empresas com governança externa fraca. Nick Wilson e Ali Altanlar (2009) analisaram dados de 900.000 empresas e perceberam uma correlação entre composição de gênero dos cargos de chefia e risco de insolvência. Maran Marimuthu (2009) analisou dados das 100 maiores empresas da Malásia e concluiu que há uma relação entre melhor desempenho financeiro e maior diversidade étnica nos cargos de direção. Abdullah, Ismail, e Nachum (2012) analisaram 841 empresas de capital aberto na Malásia e notaram um impacto positivo em termos de contabilidade empresarial, relacionado à presença de mulheres nos cargos de chefia. Os pesquisadores concluíram que "mulheres diretores criam valor econômico, o que é subestimado pelo mercado".

O *Instituto de Pesquisa Credit Suisse* (2012) concluiu que em "mercados desafiadores" as empresas com mulheres em seus conselhos têm melhor desempenho do que as empresas com conselho totalmente masculino. Na sequência da crise econômica de 2008, por exemplo, o crescimento do lucro líquido para as empresas com mulheres em seus conselhos foi em média de 14%, em comparação com 10% para as empresas com direção totalmente masculina.[5]

Até mesmo a legalização do casamento gay, nos Estados Unidos, resultou em ganhos econômicos. Dario Sansone, economista da Georgetown University, estudou o efeito da legalização do casamento gay na discriminação e no mercado de trabalho nos estados americanos. O pesquisador relacionou o casamento gay e dados do censo para estimar o impacto sobre as taxas de emprego, percebendo um aumento de 2,3% na probabilidade de ambos os parceiros em um relacionamento gay ou lésbico estarem trabalhando, juntamente com um aumento nas horas trabalhadas e uma redução no trabalho autônomo. O dado é significativo, pois segundo Sansone

---

5. Além dos diversos estudos publicados pela Catalyst desde 2002 e, no Brasil, pelo Instituto Ethos, outras pesquisas que trazem enfoques variados acerca dos benefícios econômicos da inclusão de mulheres e negros em cargos de comando das empresas são: AHERN & DITTMAR, 2012; AVERY, 2012; ABBOTT, L, 2012; TERJESEN & SINGH, 2008; TORCHIA, 2011; SMITH & VERNER, 2006; EU, 2010 e 2011; FOLKMAN, 2012; FRANCOEUR, 2008; BRAMMER, 2009; DALE-OLSEN, 2014; DEZSO C. & ROSS, 2008 e 2012; BEAR, 2010; HERRING, 2009; HOMAN & GREER, 2013; BLAZOVICH, 2013; MATSA, 2013; M. JOECKS, 2012; LARKIN, 2012; NIELSEN & NIELSEN, 2013; PAUL, L. & DONAGGIO, 2013; PURI, 2016; REN & WANG, 2011.

o que se esperava era uma redução da participação de LGBTs na força de trabalho, por conta dos cerca de 1138 benefícios, direitos e privilégios legais que o casamento proporciona, que vão desde leis tributárias e de herança até a cobertura de saúde em planos de um cônjuge. A legalização poderia ter incentivado alguns recém-casados a deixarem um emprego que só mantinham a fim de ter acesso aos benefícios, bem como encorajado mais casais a começar uma família, aumentando o número de pais e mães que passam a se concentrar em trabalhos domésticos e criação dos filhos etc. A pesquisa concluiu, ainda, que o aumento no emprego após a legalização se aplicou a parceiros do mesmo sexo sendo casados ou não. Outra pesquisa, do Departamento Nacional de Pesquisa Econômica, coordenada por Chang-Tai Hsieh, analisou o impacto econômico da crescente igualdade no local de trabalho ao longo do último meio século em relação a raça e gênero. Nos EUA, em 1960, 94% dos médicos e advogados eram homens brancos, sendo que hoje essa proporção é de 64%. A pesquisa estimou que o impacto da mudança sobre a produtividade de afro-americanos e mulheres previamente excluídas e que possuem talentos inatos para profissões específicas poderia representar 25% do aumento da produção por pessoa nos EUA entre 1960 e 2010. Mais que uma questão de equidade, o combate à discriminação seria também uma questão de eficiência e, portanto, produtividade e lucro.[6]

Basicamente, portanto, as centenas de pesquisas a que tive acesso têm em comum o fato de que de uma forma ou de outra apontam que maior diversidade da força de trabalho e

---

6. Cf. *The costs of discrimination: How equal rights can boost economic growth*. Disponível em: <*https://econ.st/2yS2dsg*>.

dos cargos de comando das empresas é sinônimo de maior lucratividade, ou, como se afirma no documento *Princípios de Empoderamento das Mulheres,* elaborado pela onu *Mulheres* e o *Pacto Global das Nações Unidas,* quanto à integração das mulheres "em todos os níveis": *"Igualdade significa, de fato, negócios"* (p. 5).

Ancorados em centenas de pesquisas que comprovam a maior lucratividade inerente a um quadro gestor mais colorido, alguns institutos têm se dedicado a investigar as causas da baixa presença de mulheres em cargos de decisão, bem como a forma de enfrentar o problema. Num destes estudos, levado a cabo por inúmeras universidades, publicado em dezembro de 2017 e intitulado *What Prevents Female Executives from Reaching the Top?*[7] conclui-se o seguinte:

Dados excepcionalmente ricos da Suécia tornam possível estudar a lacuna de gênero na progressão de carreira dos executivos e investigar suas causas. Seguimos as carreiras de todos os futuros executivos nascidos entre 1962 e 1971 no período de 1992 a 2011 e perguntamos como suas qualificações, progressão na carreira e assuntos familiares explicam seu sucesso profissional em 2011, ou seja, quando eles têm 40–49 anos de idade. Descobrimos que a criação de filhos desempenha um papel crucial na formação de lacunas de gênero nas principais nomeações executivas. A maioria dessas lacunas de gênero surge durante os cinco anos seguintes ao nascimento do primeiro filho, uma época em que as lacunas de gênero no horário de trabalho dos executivos e a ausência do trabalho são maiores. As mulheres estão em carreiras semelhantes antes do parto, mas ganham substancialmente menos que os homens cinco anos após o parto. Esta penalidade das crianças permanece grande durante o curso restante das carreiras dos executivos. Estes resultados sugerem que *as mulheres aspirantes podem não alcançar a suíte executiva sem negociar a vida familiar.* (p. 43)

---

7. Cf. <*https://bit.ly/3aEjKBL*>.

O Relatório "*Economic empowerment of women*" (Empoderamento econômico da mulher), de 2012, coloca alguns dos benefícios econômicos do empoderamento feminino:

a. Quando mais mulheres trabalham, as economias crescem. Se as taxas de emprego das mulheres remuneradas forem elevadas ao mesmo nível que a dos homens, o produto interno bruto dos EUA aumentaria 9%, o da Zona do Euro iria subir em 13% e o do Japão seria impulsionado em 16%. Além disso, em 15 grandes economias em desenvolvimento a renda *per capita* aumentaria em 14% até 2020 e em 20% em 2030.

b. Uma análise das empresas *Fortune 500* descobriu que aqueles com a maior representação das mulheres em cargos de gerência entregou um retorno total aos acionistas que era 34% maior do que para empresas com menor representação.

c. A evidência de uma série de países mostra que o aumento da proporção da renda familiar controlada por mulheres, seja através dos seus próprios rendimentos ou transferências de dinheiro, muda os gastos de forma a beneficiar as crianças.

Quanto às mulheres no mundo do trabalho, o documento afirma que, se as mulheres tivessem o mesmo acesso que os homens aos bens de produção, a produção agrícola em 34 países em desenvolvimento aumentaria em uma média estimada de até 4%, o que poderia reduzir o número de pessoas subnutridas nos países em até 17%, traduzindo-se em até 150 milhões a menos de pessoas com fome no mundo. Uma pesquisa de 2015 do *McKinsey & Company*[8] concluiu que a paridade de gênero no plano econômico pode adicionar 25% à produção global, em um acréscimo de cerca de US$12 trilhões.

Não por acaso muitas das maiores empresas transnacionais estão dentre as financiadoras de projetos, organizações, instituições e movimentos de luta contra a discriminação e pela igualdade de raça, gênero e etnia. A ONU *Mulheres*, por exemplo, possui um *Fundo para a Igualdade de Gênero* e um *Fundo Fiduciário para Eliminar a Violência contra a Mulher*, o qual tem dentre seus maiores financiadores as empresas *Coca-Cola Company, Ford Foundation, Petrobras, Itaipu Binacional, Johnson & Johnson, Kraft Foods Middle East and Africa Ltd., La Foundation L'Occitaine, Loomba Foundation, Microsoft Corporation, Rockefeller Foundation, Kuait America Foundation, Women's Self Worth Foundation e Zonta International.*[9]

Também não é por acaso que já é possível encontrar estudos e documentos oficiais onde se fala não só em "epistemologia feminista" (cf. MATOS, 2008), mas também em *Economia feminista*. Já em 2003 Verônica Montesinos defendia que na América Latina pós-democratização "pressupostos e práticas preconceituosos quanto ao gênero têm sido apenas parcialmente abordados, em parte porque o processo de elaboração de políticas é controlado por economistas, um grupo profissional com uma postura particularmente hostil às análises de gênero", concluindo que "mudanças no interior da (disciplina) Economia poderiam colaborar na tarefa de tornar a democracia mais sensível às demandas das mulheres" (MONTESINOS, 2003).

---

8. The Power of Parity: How Advancing Women's Equality Can Add $12 Trillion to Global Growth. New York.

9. Informe Anual 2012–2013. ONU Mulheres.

Na coletânea "*Orçamentos sensíveis a gênero: conceitos*", publicada pela ONU *Mulheres* em 2012, podemos ler quatro artigos em torno do tema: "Análise econômica para a igualdade: as contribuições da economia feminista", "O papel dos orçamentos sensíveis a gênero na construção da igualdade e do fortalecimento das mulheres", "Condições de vida: perspectivas, análise econômica e políticas públicas" e "Gastos, tributos e equidade de gênero: uma introdução ao estudo da política fiscal a partir da perspectiva de gênero".

Em publicação paralela, o livro "*Orçamentos sensíveis a gênero: experiências*" traz diversos casos de aplicação dos conceitos da "economia feminista", desde "A política tributária como ferramenta para equidade de gênero: o caso do imposto de renda sobre pessoas físicas na Argentina" até "Mulheres em ação pelas mulheres: o caso das finanças públicas sensíveis a gênero de Timor-Leste". Com o ganho de expressividade e a amplitude do leque de práticas e teorias destinadas a fundamentar a igualdade de gênero no âmbito empresarial e dos orçamentos e políticas estatais, não é de se admirar o fato de que ano a ano os dados referentes à presença de mulheres nos cargos de comando da economia e política têm aumentado.

Em fim de 2018, a Primeira-Ministra britânica, Theresa May, organizou, em sua residência oficial, a primeira "Conferência mundial de mulheres parlamentares", que contou com a participação de 120 mulheres, de 86 países. Segundo a representante portuguesa tratou-se de um evento voltado para o "encorajamento para que se faça esta rede de mulheres parlamentares", de modo que a deputada buscou "destacar aquilo que Portugal tem vindo a fazer para diminuir as assimetrias entre homens e mulheres", como por exemplo "a recente aprovação do aumento de 33,3 para 40% da quota de representação dos dois sexos nos órgãos de poder político e nos cargos dirigentes da administração pública".[10]

Nos dados de 2016 para a cidade de São Paulo a disparidade de gênero no que tange à ocupação de cargos de direção é bastante reduzida, se comparada aos dados nacionais da Pesquisa de 2010, também feita pelo *Instituto Ethos*:

Em todas as edições da pesquisa nacional do Ethos, as mulheres repre-sentavam menos de 15% do quadro de diretores das empresas que participaram da pesquisa. Con-siderando apenas as empresas da cidade de São Paulo, dos setores aqui pesquisados, esse número mais do que dobra, representando as mulheres 37% do quadro executivo das empresas. No município de São Paulo, elas também ficam com mais de 40% do total dos cargos de ge-rência e supervisão, situação que não encontra paralelo no cenário nacional, em que elas ocupam menos de 30% desses cargos, como de-monstra o histórico da citada pesquisa do Insti-tuto Ethos. (Perfil Social, Racial e de Gênero dos 200 Principais Fornecedores da Prefeitura de São Paulo, p. 42)

Devido a certo boicote a parte do questionário aplicado pelo Instituto, os dados usados pelo Ethos são os da pesquisa RAIS/MTE (Relação Anual de Informações Sociais, feita pelo Ministério do Trabalho e Emprego) de 2013. O modo como o Instituto se apropria destes dados falseia parte dos resultados; lemos no relatório da última pesquisa acerca de São Paulo, por exemplo, que do total de 10327 mulheres em cargos de diretoria (contra 17411 homens) apenas 450 se autodeclaram negras (4%). Número bastante expressivo, que serve aos propósitos políticos do Instituto, que, entretanto, não informa que 52% das mulheres diretoras não informaram sua

---

10. Cf. <*https://bit.ly/2yM8khV*>.

cor ou raça. O dado completo quanto ao cargo mais alto, portanto, é o seguinte: 43% das diretoras são brancas, 4% negras, 1% amarelas e 52% não informaram (a meu ver os dados em aberto devem ser pensados como possivelmente se tratando de não brancas, o que implica pensar que o número de negras e pardas está subdimensionado). Nos demais cargos hierárquicos ocupados por mulheres (gerente e supervisora) há predominância de mulheres brancas, com cerca de 15 a 20% de negras, contra 60 a 80% de brancas. Quanto à disparidade de gênero, além de 37% das diretorias, as mulheres estão em 43% e 47% dos cargos de gerente e supervisor nas empresas paulistas, um dado razoável, em especial se notarmos que esses percentuais de ocupação de cargos de comando estão mais ou menos de acordo com o percentual dos empregos em sua totalidade (incluído funcionários e aprendizes) ocupados por mulheres em São Paulo: 46%.

Uma pesquisa de 2012, coordenada pelo *Instituto Brasileiro de Governança Corporativa* (IBGC), mostrou que de um total de 508 empresas listadas no banco de dados da BM&F *Bovespa*, 197 contavam com pelo menos uma mulher no conselho de administração (38,78%) e 165 possuíam pelo menos uma conselheira efetiva (32,48%). Na Europa, 72% das empresas possuem ao menos uma mulher no conselho e, no Canadá, 71,42%.

Em nível global, uma pesquisa de 2018 feita pela *McKinsey & Co* e *LeanIn.org,* com 279 empresas norte-americanas que, juntas, empregam mais de 13 milhões de pessoas, apontou que as empresas devem ter "no mínimo duas mulheres" e "quanto mais, melhor" em cargos de topo de gestão, a fim de evitar o "isolamento" da diversidade e suas consequências contraproducentes e discriminatórias. O relatório ressalta, ainda, a importância de um olhar atento à entrada de maior diversidade desde os cargos mais baixos, além de medidas sólidas visando garantir a qualificação e promoção dessas funcionárias.[11]

A tabela abaixo retrata a composição média de gênero e cor ao longo de seis níveis hierárquicos das carreiras nas empresas pesquisadas:

Cargo	Mulheres de cor	Mulheres brancas	Homens de cor	Homens brancos
Chefe executivo/ Presidente	4%	19%	9%	68%
VP Sênior	4%	19%	9%	67%
Vice Presidente	6%	24%	12%	59%
Diretor	8%	26%	13%	52%
Gerente	12%	27%	16%	46%
Nível de entrada	17%	31%	16%	36%

Fonte: Relatório *Women in the Workplace* 2018 (Adaptado).

Segundo consistentes pesquisas da McKinsey & Co, em 2017, em média, as mulheres representavam 17% dos membros do conselho corporativo e 12% dos membros do comitê executivo nas 50 principais empresas listadas no G-20. Segundo a companhia, esse dado poderia e deveria ser maior, posto que uma pesquisa global de 2010 (também com 279 empresas) constatou que aquelas com maior proporção de mulheres em seus comitês executivos obtiveram um retorno sobre o patrimônio líquido 47% maior do que aqueles que não tinham membros executivos do sexo feminino. As pesquisas da McKinsey relacionando diversidade e lucratividade foram alvo de críticas, porém as respostas dadas em seus relatórios não deixam margens para dúvidas:

---

11. Cf. <*https://on.wsj.com/2VFz8cA*>. O relatório da pesquisa pode ser consultado aqui: <*https://go.aws/2W2xJMb*>.

É claro que uma correlação não prova a causalidade, e alguns acadêmicos contestaram o que consideram o apelo intuitivo de um elo entre diversidade e desempenho. No entanto, um crescente corpo de pesquisa da McKinsey continua a fortalecer esse elo. Nossa incursão de 2018 por meio da diversidade, abarcando mais de 1000 empresas em 12 países, encontrou uma correlação entre diversidade no nível executivo e não apenas lucratividade, mas também criação de valor. As empresas do primeiro quartil para a diversidade de gênero tinham 27% mais chances de superar sua média nacional em termos de lucro econômico — uma medida da capacidade de uma empresa de criar valor excedendo seu custo de capital — do que as empresas de quartis inferiores. Houve também uma penalidade por falta de diversidade de forma mais ampla. As empresas no quartil inferior, tanto na diversidade de gênero quanto na diversidade étnica, eram menos propensas a registrar lucros mais altos do que a média da indústria nacional. [...] Com base na pesquisa em psicologia comportamental e no que a McKinsey chama de "saúde organizacional" de uma empresa, mostramos que as mulheres tendem a encorajar um processo de tomada de decisão mais participativo, como melhorar o componente "ambiente de trabalho" da saúde organizacional. Os homens, enquanto isso, tendem a tomar ações corretivas com mais frequência quando os objetivos não são alcançados para reforçar o componente "coordenação e controle" da saúde organizacional. Nem todas as mulheres e homens podem se enquadrar nessas categorias, é claro. No entanto, a McKinsey mostrou uma forte correlação entre a saúde organizacional de uma empresa e o desempenho financeiro. [...] Se as mulheres participassem igualmente da economia global, poderiam gerar um PIB adicional de US$ 28 trilhões até 2025. Esse montante equivale aproximadamente ao tamanho das economias chinesa e norte-americana juntas.[12]

---

12. Cf. <*https://mck.co/2zANJoy*>.

As empresas e a agenda da diversidade

No que diz respeito à questão racial, os dados de 2013 da maior cidade brasileira não são tão positivos quanto os de gênero (retratados acima), mesmo se ponderarmos que as pessoas que não se identificam em termos de cor e raça provavelmente não são brancas.

DISTRIBUIÇÃO DE CARGOS COM VÍNCULOS ATIVOS NA CIDADE DE SÃO PAULO POR COR OU RAÇA (EM NÚMEROS ABSOLUTOS)

Cor/Raça	Diretor	Gerente	Supervisor	Funcionário	Aprendiz	Total
Branca	17462	156973	85883	2332661	16613	2609592
Negra	1566	29969	28930	1240812	13911	1315188
Indígena	34	268	221	7427	35	7985
Amarela	502	4109	1816	34105	146	40678
Não Identificado	8174	10232	17248	853875	1508	891037
Total	27738	201551	134098	4468880	32213	4864480

Fonte: Rais/TEM, 2013, município de São Paulo, setores selecionados para amostra.

Comparando os dados de brancos e negros temos o seguinte: no município de São Paulo, dos 2,6 milhões de empregados brancos 0,66% são Diretores, 6,01% são Gerentes e 3,29% são Supervisores. Já dos 1,3 milhões de empregados negros 0,11% são Diretores, 2,27% são Gerentes e 2,19% são Supervisores. Assim, 6,67% dos empregados brancos são ou Diretores ou Gerentes, enquanto 2,38% dos negros empregados ocupam as duas posições superiores da hierarquia das empresas. Os brancos ocupam 62,95% dos cargos de Diretor, contra 5,64% de diretores negros. Do mesmo modo, são brancos 77,88% dos Gerentes, frente a 14,86% de gerentes negros.

Na parte conclusiva da Pesquisa de 2016 citada mais acima (Perfil Social, Racial e de Gênero dos 200 Principais Fornecedores da Prefeitura de São Paulo) o *Instituto Ethos* faz um alerta às empresas para que adotem políticas afirmativas voltadas para a agenda da diversidade no âmbito empresarial, com destaque para a questão racial: "fica evidente a necessidade de o mundo empresarial se posicionar e *compreender que os negros têm uma magnitude socioeconômica estratégica*" (p. 61). O próprio Instituto explicita em todas as suas publicações sua motivação econômica ao trazer para o debate pesquisas e análises acerca da inclusão de minorias no âmbito dos cargos de chefia das empresas, o que por si só devia levar os coletivos negros, feministas e outros movimentos de esquerda (que se pretendam anticapitalistas) a analisarem com maior atenção os interesses confluentes entre suas práticas políticas e as defendidas no mundo empresarial.

Dentre as "Atividades estratégicas" no âmbito de Políticas Públicas, o próprio *Instituto Ethos* tinha como objetivo, por exemplo, para os anos de 2014 e 2015, "promover condicionantes de raça e gênero em processos licitatórios da Prefeitura de São Paulo" e a "aprovação de cotas para negros em serviços públicos federais". O movimento é global, com exemplos em inúmeros países. Em Portugal, por exemplo, há desde 2013 o *iGen-Forúm Organizações para a Igualdade,* organização que junta 68 empresas e instituições que representam 2% do PIB português e que estão "comprometidas a defender igualdade de género em Portugal", dentre as quais está a Galp, Nestlé, Jumbo, Microsoft, edp, Coca-Cola, Ikea,

Associação Dinova Portugal de Intervenção em Toxicodependências e Desenvolvimento Social, Conceito de Consultoria de gestão, Escola de Direito da Universidade do Minho, a empresa de segurança Esegur, o Instituto Português da Qualidade, a Instituto Superior de Economia e Gestão da Universidade de Lisboa e a Sociedade de advogados Vieira de Almeida & Associados. Segundo notícia veiculada na imprensa portuguesa estas empresas "todos os anos se comprometem a reavivar boas práticas" na área de igualdade de gênero, de modo que "há uma série de medidas que as empresas sugerem a si próprias e colocam no anexo ao corpo de adesão", visando a que sejam implementadas ao longo do ano. "São metas que de alguma maneira contribuem para o bem-estar social *e para uma produtividade maior*" e, anualmente, há uma "monitorização para o cumprimento das metas". No ano de 2017, por exemplo, 86% das medidas foram cumpridas.[1]

Em fevereiro de 2019 a grife italiana *Gucci* anunciou que faria "um grande esforço para aumentar a contratação de diversidade como parte de um plano de longo prazo para aumentar a conscientização cultural na empresa de moda de luxo". A medida vem na sequência de um alvoroço causado por um suéter preto de US$ 890 que reproduzia uma boca vermelha caricata, se assemelhando, assim, ao *blackface* (prática teatral de atores que se pintam com carvão para representar personagens negros de forma exagerada e caricata). A *Gucci* se comprometeu também a contratar um diretor global para diversidade e inclusão, cargo recém-criado que será baseado em Nova York, além de cinco novos designers de todo o mundo para seu escritório em Roma e, ainda, lançará programas de bolsas de estudos multiculturais em 10 cidades do

---

1. Cf. <*https://bit.ly/2SsRzj1*>.

mundo, com o objetivo de construir um "local de trabalho mais diversificado e inclusivo em uma base contínua". Por fim, e bastante sintomático: o anúncio foi feito depois que o CEO da Gucci, Marco Bizzarri, se encontrou, no bairro de Harlem, em Nova York, com Dapper Dan, um renomado designer negro, e outros membros da comunidade, para "ouvir suas perspectivas" e saber "quais ações a empresa deveria tomar".[2]

Quanto à "receita para o sucesso" no que tange às práticas empresariais voltadas para a agenda da diversidade, Hunt, Yee, Prince e Dixon-Fyle, em "Delivering through diversity" (McKinsey, 2018) falam em "quatro imperativos":

As empresas relatam que melhorar materialmente a representação de diversos talentos em suas fileiras, bem como utilizar efetivamente a inclusão e a diversidade como facilitadoras do impacto nos negócios, são objetivos particularmente desafiadores. Apesar disso, várias empresas em todo o mundo conseguiram fazer melhorias consideráveis na inclusão e diversidade em suas organizações, e elas estão obtendo benefícios tangíveis por seus esforços. Descobrimos que todas essas empresas desenvolveram estratégias de inclusão e diversidade (I&D) que refletiam seus objetivos e prioridades de negócios, com os quais estavam fortemente comprometidos. Quatro imperativos emergiram como sendo cruciais: *Articular e conjugar o comprometimento do CEO para galvanizar a organização.* As empresas reconhecem cada vez mais que o compromisso com a inclusão e a diversidade começa no topo, com muitas empresas se comprometendo publicamente com uma agenda de I&D. As empresas líderes vão mais longe, colocando em prática esse compromisso em todas as suas organizações, especialmente para o gerenciamento médio. Eles promovem a propriedade de seus negócios principais, incentivam a modelagem de funções, responsabilizam seus executivos e gerentes e asseguram

---

2. Cf. <*https://yhoo.it/2VEDWPs*>.

que os esforços tenham recursos suficientes e sejam apoiados centralmente. *Defina prioridades de inclusão e diversidade que se baseiem nos impulsionadores da estratégia de crescimento do negócio.* Empresas de alto desempenho investem em pesquisa interna para entender quais estratégias específicas melhor apoiam suas prioridades de crescimento de negócios. Tais estratégias incluem atrair e reter os talentos certos e fortalecer as capacidades de tomada de decisões. As empresas líderes também identificam o mix de características inerentes (como a etnia) e os traços adquiridos (como formação educacional e experiência) que são mais relevantes para sua organização, usando análises avançadas de negócios e de pessoas. *Crie um portfólio direcionado de iniciativas de inclusão e diversidade para transformar a organização.* As empresas líderes usam o pensamento direcionado para priorizar as iniciativas de I&D nas quais investem e garantem o alinhamento com a estratégia geral de crescimento. Elas reconhecem a necessidade de construir uma cultura organizacional inclusiva e usam uma combinação de fiação "dura" e "suave" para criar uma narrativa coerente e um programa que ressoa com funcionários e partes interessadas, ajudando a impulsionar mudanças sustentáveis. *Adapte a estratégia para maximizar o impacto local.* Empresas líderes e em rápida evolução reconhecem a necessidade de adaptar sua abordagem — a diferentes partes do negócio, a várias geografias e a contextos socioculturais.

Já quanto à presença da diversidade na mídia brasileira, o "*Guia para Jornalistas sobre Gênero, Raça e Etnia*", publicado em 2014, afirma que do ponto de vista étnico e racial há pouca presença de jornalistas negras e indígenas nas redações e postos de comando das empresas de comunicação. Essa rara presença das trabalhadoras negras e indígenas indica, segundo o Guia, uma estrutura ocupacional pouco plural que "fortalece a invisibilização dos problemas que afetam as mulheres negras e indígenas e favorece a visão deslocada e estereotipada da realidade desses grupos". (2014, p. 20). Quanto à presença de mulheres nos espaços de poder o Guia informa que a plena participação das mulheres nas decisões que afetam suas vidas e dos grupos aos quais pertencem "é um dos pilares para se alcançar a igualdade de gênero e o empoderamento na perspectiva dos Objetivos de Desenvolvimento do Milênio – ODM".[3]

Assim, o aumento da participação das mulheres na esfera política é visto como uma questão "estratégica para o desenvolvimento nacional alinhado aos critérios estipulados pelos ODM" (2014, p. 30). Embora esteja em vigor uma lei de cotas que garante um percentual de 30% das vagas para candidaturas femininas nos partidos políticos, "as mulheres brasileiras continuam enfrentando barreiras impostas pelo sexismo, pelo racismo e pelo etnocentrismo, o que as coloca em situação de desvantagem na disputa eleitoral" (2014, p. 31). Na disputa por uma vaga na Câmara Federal, por exemplo, do total de 1346 candidaturas registradas pelo Tribunal Superior Eleitoral (TSE) em 2010, 22,9% foram mulheres contra 77,71% de candidaturas masculinas.

Apropriando-se do vocabulário identitário referente à busca pela "visibilização" das opressões, o *Guia para Jornalistas* coloca que o enfrentamento às discriminações de gênero, raça e etnia, no âmbito do jornalismo, "começa quando profissionais da imprensa assumem o propósito de visibilizá-las (as mulheres negras e indígenas) positivamente por meio de textos, sonoras e imagens na mídia" (BASTHI, 2014, p. 37). Entendendo que "o discurso predominante nas narrativas jornalísticas e imagéticas e que, portanto, prevalece para a sociedade brasileira, é produzido numa perspectiva masculina e de dominação" (2014, p. 40) o *Guia* pontua que, na prática,

---

3. Cf. <*https://bit.ly/2y71e7A*>.

a perspectiva de gênero com recorte de raça e etnia pode ser aplicada a partir da "adoção de novos critérios para seleção e produção da notícia", tais como:

1) assumir uma postura diversificada na escolha da pauta;

2) utilizar critérios de gênero, raça e etnia para escalar a fonte da matéria;

3) definir, em caso de situação de risco da fonte, os critérios de abordagem;

4) usar uma linguagem na perspectiva de gênero, raça e etnia;

5) optar, sempre que possível, por imagens positivas de mulheres negras e indígenas para ilustrar o conteúdo de qualquer notícia digitalizada, impressa, eletrônica ou sonora.

Para dar visibilidade às opiniões e imagens das mulheres livres de estereótipos e numa perspectiva de gênero, raça e etnia, profissionais da imprensa devem estar atentos a qualquer vestígio de preconceitos e prejulgamentos que possam interferir na seleção e na construção da notícia. (2014, p. 38)

No documento publicado em 2012 pela ONU *Mulheres* e *Rio+20*, intitulado "*O futuro que as mulheres querem*", resultado de uma pesquisa financiada pela *Petrobras*, *Fundação Ford* e *Itaipu Binacional*, além de alguns governos, lemos algumas linhas que, não por acaso, também lembram a gramática dos movimentos identitários em torno do "lugar de fala", "espaços seguros" e demais itens que conformam a política identitária e a *teoria dos privilégios*[4]:

---

4. Ver a série de artigos de Kevin Carson, Casey Given, Cathy Reisenwitz e Nathan Goodman, disponível aqui: <*https://bit.ly/2y3n4ZN*> e o importante texto de Will (2014). Ver também BRUINIUS, H. Should colleges provide 'safe spaces'? de 2016. Disponível em: <*https://bit.ly/2zDDA3j*>.

A falta de mulheres em posições de tomada de decisão e a ausência geral de especialistas nas questões de gênero entre os decisores entravam de modo significativo o engajamento das mulheres – e a integração das perspectivas de gênero – no planejamento urbano e na concepção de infraestruturas e serviços. Por sua vez, a falta de engajamento limita a possibilidade de que as necessidades específicas das mulheres sejam abordadas. (p. 23)

Noutras palavras, é defendido que apenas mulheres podem abordar as necessidades específicas das mulheres, o que conflui com a defesa dos movimentos feministas do "protagonismo" das mulheres na luta feminista, dos negros na luta antirracista e das lésbicas, gays, bissexuais, travestis, transexuais e transgêneros e intersexuais nas lutas LGBTI. Alguns dos movimentos de luta inspirados no identitarismo pós-moderno vetam aos companheiros e companheiras a construção horizontal da luta em torno de uma mesma bandeira, posto que o gênero, raça ou etnia etc. da pessoa a tornaria *potencialmente machista e/ou racista* etc. e, por isso, essa pessoa só poderia ser, quando muito, "apoiadora" de uma luta "que não lhe pertence". A defesa do "protagonismo dxs oprimidxs" (com o X remetendo a uma língua "neutra") alcançou tal grau de legitimidade[5] que é francamente perigoso criticar suas práticas em público.

---

5. Pense-se, por exemplo, na pressão social para que mais atoras e atores negros fossem indicados e premiados na cerimônia do Oscar, ou no fato de que a *Personalidade do ano* da *Time*, em 2017, tenha sido as pessoas que denunciaram casos de assédio sexual: "Publicação norte-americana distinguiu as mulheres e os homens que deram 'voz a segredos abertos': 'Por moverem redes de murmúrios para as redes sociais, por nos motivarem a todos a parar de aceitar o inaceitável'. Cf. <*https://bit.ly/3eUBUCz*>.

Ainda quanto a essa questão, vale citar dois recentes casos, que nos parecem bastante emblemáticos no que diz respeito à teia de contradições internas do identitarismo: "IMS Rio cancela evento sobre poesia após críticas por falta de diversidade".[6] *Oficina Irritada (Poetas Falam)*, que aconteceria em maio, foi alvo de reclamações por não contar com convidados negros". No corpo da matéria somos informados que as reclamações não vieram apenas do público, mas também de autores da cena literária atual. "Os espaços privilegiados seguem cometendo erros em não abrir esse cânone engessado", publicou o escritor Jeferson Tenório em sua página no Facebook.

Em agosto de 2019 o Centro de Estudos Africanos, da UFMG, publicou uma *Nota Pública* onde informava o cancelamento do Simpósio Internacional "Novas epistemes para o estudo da África pré-colonial: agência africana e conexões" devido à "forma desmedida e agressiva das 'críticas' dirigidas à organização e à organizadora" do evento devido ao fato de que uma das mesas do Simpósio tinha uma composição racial de 5 pessoas brancas e, esclarece a Nota, dos 28 trabalhos inscritos, 10 eram de pessoas pretas e pardas, 12 de pessoas brancas e as outras 6 "não sabemos porque não as conhecemos. Todas as propostas foram aceitas, sem escrutínio racial dos proponentes, porque atendiam aos critérios estabelecidos na chamada pública para comunicações que se enquadrassem no tema do evento".[7] Em todo o planeta e em distintos setores a composição racial das empresas tem sido

---

6. Cf. <*https://bit.ly/2y3i2MV*>.

7. Cf. Publicação de 06 de agosto de 2019 em <*https://bit.ly/2VI5ogY*>.

alvo das políticas identitárias. Até mesmo o *The Guardian* publicou, em 2018, uma matéria tratando da falta de negros em uma novela brasileira.[8]

Fundamentando-se na legitimidade inquestionável das questões relacionadas às opressões e discriminações de raça, gênero e sexualidade, as bandeiras e pautas das lutas identitárias têm sido apropriadas por empresas e organizações governamentais para fins políticos e econômicos. Em contrapartida, as organizações que pautam as demandas identitárias em sentidos e formas organizativas convenientes para a manutenção e reforço lucrativo do capitalismo recebem incentivos que vão desde investimentos diretos até apoios ideológicos na mídia e nos aparelhos ideológicos de Estados e empresas voltados para a formatação da visão de mundo e do universo cultural e ideológico das pessoas.

Não por acaso, um dos maiores financiadores globais dos estudos e pesquisas feministas é a *Fundação Ford*.[9] Precursora desse tipo de atrelamento estratégico entre imagem da empresa e institutos e teorias com legitimidade no bojo da classe trabalhadora (feminismo, antirracismo, cidadania etc.) é ela quem financia grande parte das edições e pesquisas das maiores revistas científicas de diversas partes do planeta cuja produção está centrada no desenvolvimento e divulgação de teorias e debates sobre o feminismo. No Brasil, por exemplo, a Fundação Ford, que já financiara o movimento negro[10], é

---

8. Cf. <*https://bit.ly/358JODG*>.

9. Ver SCHULD, Kimberly, 2004 e WOOSTER, 2004.

10. A *Fundação Ford* financiou a instalação do movimento negro no Brasil pós-ditadura, garantindo que este se configurasse desde o início aos moldes do movimento negro estadunidense, com sua ênfase nas políticas afirmativas e por cotas.

próxima e financia inúmeras atividades da *Revista de Estudos Feministas,* uma das mais conceituadas revistas da área. Esse apoio extrapola em muito o mero interesse em ter uma imagem empresarial positiva ou a criação de um novo nicho de consumidoras que, uma vez "empoderadas", manifestarão o próprio poder do modo como se espera na lógica capitalista: comprando carros etc.[11]

O direcionamento ideológico e o controle político e econômico da produção teórica de temas que possuem potencialidade de fomentar práticas críticas ao capitalismo e outros que estimulam práticas de reforço do sistema e da lucratividade das empresas não se dá como um processo linear ou centralizado em uma empresa ou governo de onde emanariam as diretrizes estratégicas acerca de quais teorias e organizações devem receber apoio logístico, ideológico e material. Não se trata de uma teoria da conspiração, portanto, embora alguns estudos, como por exemplo o artigo "A CIA lê a teoria francesa: sobre o trabalho intelectual de desmantelamento da Esquerda cultural" nos tragam elementos verdadeiramente intrigantes.[12]

---

11. O papel político da Revista Estudos Feministas no desenvolvimento e germinação das linhas estratégicas de *um certo feminismo* é ainda um objeto para pesquisas futuras. Vale a pena, no entanto, ler suas publicações a fim de compreender as particularidades do tipo de feminismo defendido pela linha editorial da Revista. Ver, por exemplo: ADRIÃO, K. G. et al. 2011; ALVAREZ, S., 2003; BARSTED, L. L., 2008; BLACKWELL, M. & NABER, N, 2002; COSTA, C. L., 2003 e 2013; DINIZ, D. & FOLTRAN, P., 2004; FERREIRA, E. S. & BORGES, D. T., 2004; GROSSI, M. P., 2004; LAGO, 2009; MINELLA, L. S. et al., 2004; MINELLA, L. S., 2004; MAYORGA, C. et al., 2013; MONTESINOS, V., 2003; MOND, N., 2003; MEYER. D. E. et al., 2014; MATOS, M., 2008; LOPES, M.M. & PISCITELLI, A., 2004; VEIGA, A. M., 2009; SCHMIDT, S. P., 2004; SILVA, C., 2013; PORTO, R. M., 2004.

12. Cf. <https://bit.ly/2W6XU4F>.

A nosso ver o direcionamento estratégico das linhas editoriais de revistas, jornais, institutos, universidades etc. se dá mais por conta de uma *confluência de interesses* do que de qualquer teoria da conspiração. O que temos em geral é uma complexa miríade de teorias identitárias, multiculturalistas e pós-estruturalistas que se desenvolvem de modo desigual e divergem entre si tanto em termos teóricos quanto em termos da prática social dos militantes por elas empolgados.

Uma busca por palavras-chave no diretório de *grupos de pesquisa* da Plataforma Lattes (palavras presentes no nome do grupo ou na descrição da linha de pesquisa) resulta no seguinte, para cada entrada buscada: IDENTIDADE: 2053 registros. GÊNERO: 1861 registros. SEXUALIDADE: 611 registros. NEGRA: 156 registros. NEGRO: 193 registros. RACISMO: 151 registros. FEMINISMO: 183 registros. FEMINISTA: 124 registros. CLASSE SOCIAL: 57 registros. TRABALHADORES: 226 registros. OPRESSÃO: 13 registros. REVOLUÇÃO: 36 registros. COMUNISMO: 13 registros. SOCIALISMO: 18 registros. HOMOFOBIA: 33 registros. GREVE: 9 registros. SALÁRIO: 27 registros. MULHER: 816 registros. MULHERES: 356 registros. HOMENS: 30 registros. LGBT: 37 registros. GAY: 9 registros. LÉSBICA: 14 registros. TRAVESTI: 14 registros. TRANSGENERO: 5 registros. QUEER: 49 registros. CAPITALISMO: 201 registros. DESIGUALDADE: 323 registros. DOMINAÇÃO: 43 registros. EXPLORAÇÃO: 32 registros. POLÍTICA: 4993 registros. ECONOMIA: 719 registros. DISCURSO: 624 registros.[13]

---

13. Busca feita em novembro de 2018. Na entrada "exploração" foram excluídos os casos onde se tratava de exploração da natureza, exploração de cavernas etc. e mantidas as entradas onde o tema era a exploração econômica. Na entrada "gênero" apliquei o filtro para os grupos da área de Ciên-

No plano do pensamento social, o fato de que certas publicações e certas linhas de pesquisa recebam fomento e contem com um complexo apoio econômico e político não deve, no entanto, ser subestimado: a facilidade de acesso das pessoas a certas teorias contém sempre atrás de si a dificuldade de acesso a outras, o que dá às empresas financiadoras e instituições financiadas uma vantagem nada desprezível em termos da disputa por hegemonia no plano das teorias e práticas da luta contra o feminismo, o racismo em tais e tais termos, sob tal e tal fundamento teórico, em tal ou qual forma organizativa. Além, é claro, do fato de que direcionadas para certo sentido (multiculturalista, identitário, pós-estruturalista, pós-moderno etc.) tais problemáticas deixam de desembocar ou de ter algo a ver com anticapitalismo. Digno de nota, muitas vezes a posição de alguns movimentos de luta pela causa negra ou feminista chega a ser mais retrógrada que a defendida por organizações como a ONU e entidades empresariais, como veremos a seguir.

---

cias Humanas (1059), Ciências Sociais Aplicadas (375) e Letras, Linguística e Artes (427). Nesta última, entretanto, há casos em que a entrada diz respeito ao "gênero textual".

A ONU Mulheres nas empresas, governos e universidades

No Plano Estratégico da ONU *Mulheres* para 2014–2017, por exemplo, lemos no parágrafo 33C que "alcançar a igualdade de gênero requer uma abordagem inclusiva, que reconheça o papel essencial dos homens como parceiros na busca pelos direitos das mulheres". Entendendo que "Quando os homens têm priorizado a igualdade de gênero, grandes resultados têm sido conseguidos" (p. 19), a campanha *ElesPorElas* (*HeForShe*) "fornece uma plataforma para que os homens se identifiquem com as questões da igualdade de gênero e com seus benefícios, que tem o poder de libertar não só as mulheres, mas também os homens de papéis sociais prescritos e de estereótipos de gênero".

Dentre as medidas práticas para o enfrentamento das desigualdades de gênero, longe de reforçar alguns dos valores "excludentes" do identitarismo, é posta a tarefa de "Explorar os obstáculos à igualdade de gênero em seu país e incentivar os homens a encontrarem soluções inovadoras" (p. 9). No módulo referente às Universidades a questão dos "espaços seguros" é posta como um problema social que aflige ambos os sexos, sendo tarefa do *ElesPorElas* "3. Desenvolver programas e políticas para garantir que tanto estudantes do sexo feminino quanto estudantes do sexo masculino estejam seguros no campus, e medidas de emergência que garantam o seu acesso à justiça e que sua dignidade e direitos sejam respeitados no caso de agressão ou de má conduta" (p. 12), "6. Incentivar funcionários e professores do sexo masculino a se imporem em nome da campanha, especialmente em departamentos e áreas onde a igualdade de gênero possa ser mais difícil de ser observada". E "7. Organizar ou incentivar os alunos a organizarem, reuniões, conferências e eventos especiais destinados a aumentar a conscientização sobre a importância da presença dos homens na luta pela igualdade de gênero".

No Brasil, a Universidade de São Paulo aderiu ao movimento[1], mas neste espaço o identitarismo está tão arraigado que a diretriz da ONU *Mulheres* foi corrompida: a articulação entre homens e mulheres na luta feminista foi posta de modo hierárquico, não como "possibilidade" e "escolha", mas como "dever".

Na plataforma prática de enfrentamento às agressões contra as mulheres, por exemplo, a Campanha *ElesPorElas* coloca a questão da seguinte forma:

Acabar com a violência contra as mulheres requer uma abordagem abrangente que envolva ativamente todos os segmentos da sociedade. Dessa forma, todos os homens têm um papel a desempenhar. O movimento ElesPorElas (HeForShe) fornece uma plataforma na qual, primeiramente e acima de tudo, homens e meninos *podem* prevenir a violência contra mulheres e meninas estando conscientes sobre suas próprias atitudes, valores e comportamentos em relação às mulheres, mudando quando necessário, e garantindo que eles não se envolvam pessoalmente em nenhuma discriminação ou violência. Nos casos em que a violência já foi perpetrada, os homens *podem* tomar a iniciativa de buscar apoio para mudar o seu comportamento

---

1. Cf. <*https://bit.ly/2zAOHtI*>.

de forma a não cometer violência novamente. [...] Em segundo lugar, homens e meninos *podem* ser proativos e "intervir" quando testemunharem discriminação ou violência por outros homens. A intervenção *pode* assumir muitas formas. Por exemplo, homens e meninos *podem* expressar desagrado quando os colegas estiverem fazendo comentários sexistas, degradantes ou depreciativos. Eles *podem* apoiar os amigos a fazerem escolhas respeitosas em situações precárias ou de risco (por exemplo, impedindo-os de fazer abusos sexuais a uma mulher que esteja drogada). Se forem testemunhas de uma situação de violência, eles também *podem* intervir diretamente após avaliar o contexto e determinar que nenhum mal poderá vir a prejudicar a mulher ou a si mesmos, ou contatar as autoridades competentes, como a polícia, para intervir. (p. 17 e 18, grifos meus).

Enquanto os documentos da ONU *Mulheres* utilizam o verbo "podem", indicando a horizontalidade da luta e da tomada de posição política de homens no enfrentamento do machismo, o identitarismo da Universidade brasileira utiliza a palavra "deve", indicando a existência de algum tipo de dívida e obrigação dos homens para com a luta pela igualdade de gênero, abrindo a brecha para as rotineiras práticas punitivistas (escracho, exposição etc.) contra homens que se considere estarem agindo em contra sua dívida histórica. Aqui os homens são considerados agressores em potencial, culpados pelo machismo e patriarcalismo, numa biologização da questão que nem mesmo a ONU reproduz[2], malgrado todo o seu interesse político, econômico e ideológico na integração das mulheres. Assim, o machismo deixa de ser visto como um problema

---

2. Salvo alguns deslizes, por exemplo quando afirma que "Se cada homem assumisse a responsabilidade por si mesmo, isso por si só seria suficiente para acabar com a violência contra as mulheres" (p. 17), o que negligencia a questão da violência contra as mulheres perpetrada por mulheres.

que é construído nas relações sociais entre as pessoas (e que, portanto, só pode ser solucionado nestas mesmas relações) e passa a ser visto como causa exclusiva da atuação machista *dos homens* nestas relações. Ao mesmo tempo, o acento no "deve" reforça a hierarquia interna das relações econômicas, políticas e ideológicas sob a égide identitária: respeite seu chefe (ou líder ativista), em especial se ele for negro, mulher ou LGBTIQ. "Respeite a minha história", "meu nome é xxxx, sou mulher, negra e periférica...", são frases que costumeiramente são forjadas visando legitimar de antemão o valor do discurso e da atuação política a ser defendida a seguir, o que opera um silenciamento e marginalização daqueles sujeitos políticos que porventura não tenham tantas "qualidades de oprimido" para enumerar em sua apresentação pessoal.

A exclusão dos homens das políticas de combate ao machismo, ou sua alocação como "apoiadores" contrapostos às "protagonistas" é ainda mais trágica quando se observa, por exemplo, a questão do estupro de mulheres enquanto "tática" e "espólio" de guerra e o estupro de homens nas prisões masculinas. No enfrentamento a essa questão a ONU *Mulheres* está à frente de muitos coletivos feministas do campo identitário, reconhecendo não apenas a horizontalidade de homens e mulheres nesta luta, mas o próprio "protagonismo" dos homens no enfrentamento desta faceta violenta do machismo em ambiente bélico:

Uma das iniciativas globais da ONU Mulheres, desde 2011, vem sendo o treinamento de soldados militares de paz para prevenir e responder à violência sexual em suas áreas de atuação. Aproximadamente 90% dos destinatários desta formação, que foi fornecida a milhares de forças de paz, em 18 países que contribuem com tropas, até agora, têm sido homens, devido aos baixos percentuais de mulheres nas forças armadas. A ONU Mulheres também vem oferecendo cursos online específicos sobre a Resolução 1325 sobre mulheres, paz e segurança. Nos últimos três anos, 25 mil pessoas participaram destes cursos online e, aproximadamente, 80% eram homens. (p. 21)

Sendo os preconceitos e discriminações frutos de relações sociais, cabe às pessoas constituírem novas relações sociais, num processo em que ambos os polos devem ser ativos na criação dessas novas modalidades de relacionamento não mais machista, racista, homofóbico, xenófobo etc. Nenhum esclarecimento, autocrítica ou "desconstrução" individual avançará um milímetro sequer no enfrentamento da problemática geral, que é estrutural, sistêmica e histórica. Aliás, um elemento frequentemente usado nas críticas identitárias depõe contra suas próprias estratégias, mostrando o quanto elas são condenadas de antemão ao fracasso: o fato de que pessoas "progressistas" e "de esquerda" sejam também machistas, racistas e homofóbicos, os chamados "esquerdomachos". Ora, se pessoas mais conscientes que a média da população reproduzem na prática os preconceitos e discriminações isso só prova que não é por meio de níveis de ilustração e de autoreconhecimentos de "privilégios" que se avançará na luta contra o sistema que repõe a lógica de tais discriminações e privilégios, a começar pelo privilégio de explorar ao invés de ser explorado.

Concluindo o tópico, não obstante o caso brasileiro ainda apresente níveis significativos de desigualdade de gênero e cor no que tange ao acesso a cargos de comando, níveis salariais e etc., a lista de elementos que apontam para o *caráter integrável* das mulheres e negros no sistema capitalista, dando a este novo fôlego econômico, é imensa, como pudemos ver em inúmeros dados apontados até aqui. O filósofo húngaro

István Mészáros defendia que a integração das mulheres é impossível dentro do capitalismo, ou seja, constitui um "limite absoluto" do sistema do capital, apontando para o caráter estrutural de sua crise.[3] Nossa pesquisa parece mostrar, contudo, que um capitalismo colorido, que mantenha suas estruturas de exploração e, no entanto, tenha nos postos de comando dos trabalhadores e trabalhadoras pessoas de ambos os sexos, cores, sexualidades etc. é perfeitamente concebível, o que nos remete para a questão da "sustentabilidade".

---

3. Cf. Capítulo 5 de *Para além do capital* (2002). Refinando sua análise, posteriormente, Mészáros passa a articular este item à ideia de impossibilidade de uma "igualdade substantiva" dentro do sistema do capital, o que nos parece mais sensato, já que este sistema é um sistema de exploração que, enquanto sistema de exploração, assenta na desigualdade estrutural entre agentes que exploram e agentes que são explorados. O termo, ainda, tem a vantagem de englobar as diversas desigualdades substantivas relacionadas ao gênero, raça, sexualidade, nacionalidade etc.

Empoderamento feminino e desenvolvimento sustentável

Uma das ideologias mais fortes do capitalismo atual tem sido a do desenvolvimento sustentável enquanto alternativa para a perpetuação dos níveis de crescimento econômico e lucratividade das empresas. Ao contrário do que se poderia pensar, este tema não é posto em separado do tema da integração das mulheres, pelo contrário.

O documento "O futuro que as mulheres querem" articula com grande detalhamento o empoderamento feminino e o desenvolvimento sustentável, colocando como objetivos a criação de "um ambiente propício para a igualdade de gênero no desenvolvimento sustentável", onde 1) se priorize "a igualdade de gênero e o empoderamento das mulheres em políticas e estratégias sobre comércio, cooperação para o desenvolvimento, investimento externo direto, transferência de tecnologia e desenvolvimento de capacidades"; 2) se integrem "as perspectivas de gênero ao planejamento e orçamento nacionais, e aos mecanismos de implementação, monitoramento e avaliação, a fim de alinhar os compromissos relativos à igualdade de gênero com os objetivos do desenvolvimento sustentável"; 3) se garantam "investimentos financeiros específicos para a igualdade de gênero e o empoderamento das mulheres em todos os programas e projetos, inclusive para programas comunitários e apoio à infraestrutura local"; e 4) se engajem "mulheres cientistas, inovadoras e decisoras de forma plena nos processos de desenvolvimento e concepção de tecnologias verdes". (p. 38)

É informado, ainda, que em abril de 2012 uma coalizão de nove países (África do Sul, Austrália, Dinamarca, Emirados Árabes Unidos[1], Estados Unidos, México, Noruega, Reino Unido e Suécia) lançou a iniciativa *"Clean Energy Education and Empowerment"* (Educação e Empoderamento em Energia Limpa) com o objetivo de "atrair mais mulheres jovens para carreiras e posições de liderança nesse setor" (p. 25). Noutro momento, depois de defender que mulheres ocupem "empregos verdes" o documento advoga a importância de que se adotem "medidas explícitas para assegurar que as mulheres não sejam marginalizadas em setores de empregos precários e mal remunerados", sendo também "necessários esforços para garantir trabalho decente tanto para mulheres quanto para homens, e apoiar a evolução de carreira das mulheres para cargos de direção" (p. 28). Não é por acaso, ainda, que o documento se vale de um conceito caro a muitos movimentos feministas, o de patriarcado, a fim de defender uma mudança de paradigma rumo a uma maior integração das mulheres em cargos e postos de comando na economia e política:

A exclusão e sobrerrepresentação (sic) das mulheres em áreas educacionais específicas estão fundamentadas na discriminação socioeconômica que persiste dentro das famílias, das comunidades, dos mercados e dos Estados. Tal discriminação está, com frequência, enraizada nos princípios patriarcais de família e nos sistemas de parentesco que veem apenas o menino como um membro permanente da família de origem e sua linhagem econômica e social. As

---

1. É um pouco irônico que um dos maiores poluidores seja signatário da iniciativa.

meninas, por sua vez, são vistas como membros da futura família do cônjuge, destinadas pelo casamento a contribuir com outra família e, portanto, vistas frequentemente como dispensáveis, não merecedoras do investimento em educação ou outros recursos – sobretudo quando eles são escassos. O maior investimento em educação é consequentemente feito nos meninos. Os estereótipos familiares das mulheres como donas de casa e dos homens como provedores – e os estereótipos vinculados da mulher "nutridora", emotiva, fisicamente atraente, e do homem racional, adepto da tecnologia e intelectual – continuam a manter as mulheres à margem da educação e excluí-las de certos empregos. Alguns fatores contribuem para essa exclusão: segregação sexual, casamento precoce, controle sobre a mobilidade e interação das mulheres, falta de infraestrutura e instalações escolares adequadas a elas, falta de segurança no transporte e no ambiente escolar e a falta de apoio público para a educação das mulheres. [...] Os conceitos de igualdade de gênero, empoderamento das mulheres e direitos humanos devem ser integrados na educação primária, secundária, terciária e superior. Devem ser tomadas medidas para encorajar tanto mulheres quanto homens a seguir áreas de estudo não tradicionais, como as ciências e a tecnologia para as mulheres, e a enfermagem e outras áreas de cuidado para os homens. (p. 36)

Sete princípios de empoderamento das mulheres

Grandes empresas transnacionais estão articuladas em torno da integração das mulheres em um modo economicamente vantajoso. Um bom exemplo para ilustrar isso é o documento *Princípios de Empoderamento das Mulheres*, publicado pela ONU Mulheres. Nele são expostos sete princípios.

A LIDERANÇA PROMOVE A IGUALDADE DE GÊNERO

O primeiro deles, "A liderança promove a igualdade de gênero", nos informa que no âmbito do movimento *HeForShe*, CEOs de diversas empresas, como *Mckinsey & Co, PwC, Schneider Eletric, Twitter* e *Unilever* declararam compromissos globais para alcançar a igualdade de gênero nas suas empresas. *Avon, Itaipu* e KPMG, que fazem parte do grupo impulsionador do movimento *ElesPorElas* (*HeForShe*) no Brasil, e seus CEOs também têm feito declarações públicas em apoio ao movimento. O CEO global da *Coca-Cola Company*, Muhthar Kent, assumiu em 2010 o compromisso público de empoderar cinco milhões de mulheres até 2020. Já Pierre Nanterme, CEO Global da *Accenture*, gravou depoimento público sobre seu compromisso por um mundo melhor para sua filha. Na *Itaipu*, a Política de Equidade de Gênero faz parte do mapa estratégico da empresa e é implementada em todas as esferas, incluindo Diretoria, Conselho e Fundações em que a Entidade for mantenedora, bem como no relacionamento institucional com outros órgãos.

Além dos compromissos assumidos pela PWC e *Unilever*, também o presidente global da *Schneider Electric* assumiu publicamente a meta de, até 2017, aumentar o número de mulheres na entrada (cargos iniciais) para 40% e no topo para 30%.

De acordo com o documento *Princípios de Empoderamento das Mulheres* uma prática cada vez mais disseminada entre as empresas são os *grupos de afinidades* (*women's network, business resource group*) que discutem a igualdade de gênero: várias empresas signatárias dos Princípios da ONU *Mulheres* já têm essas iniciativas, como *Braskem, Dow*, IBM *e Walmart*. Outras empresas, que participam do programa Pró-Equidade de Gênero e Raça do governo brasileiro têm o comitê sugerido pelo programa, como *Eletrobrás, Embrapa e Itaipu*. Além disso, já existem no Brasil "grupos formados por empresas que tratam a questão de *igualdade de gênero no nível estratégico*, contando com o engajamento de sua alta liderança". De acordo com o documento "elas se reúnem para trocar boas práticas e fomentar o avanço dessas discussões no ambiente empresarial" (p. 7). São exemplos: a Aliança pelo Empoderamento das Mulheres, os Ciclos de Encontros Regionais para o Fortalecimento da Equidade de Gênero e Raça no Mundo do Trabalho, o *Finance Women Network* (Rede de Mulheres em Finanças) e o Movimento Mulher 360.[1] Por fim, algumas empresas têm dedicado orçamento específico às ações de promoção da igualdade de gênero, como *Accenture, Avon, Coca-Cola Brasil, Eletrobras, Eletronorte*, EY, *Itaipu*, KPMG, *Lojas Renner, Nogueira, Elias, Laskowisk e Matias Advogados, PwC e Vale*.

---

1. "Itaú Unibanco adere ao Movimento Mulher 360". Disponível em: <*https://bit.ly/3bUnPms*>.

IGUALDADE DE OPORTUNIDADES,
INCLUSÃO E NÃO DISCRIMINAÇÃO

O princípio dois, "Igualdade de oportunidades, inclusão e não discriminação", expõe algumas práticas voltadas à igualdade de gênero nas seleções para oportunidades de trabalho.[2] Visando práticas de inclusão da diversidade e garantia de oportunidades de entrada e ascensão dentro da empresa, a *Accenture, Coca-Cola Brasil* e *Walmart*, por exemplo, realizam painéis de entrevistas formados obrigatoriamente por homens e mulheres. As mesmas empresas, junto com outras, como por exemplo, a Embrapa e a IBM, "inserem em suas avaliações de desempenho uma preocupação especial em evitar vieses e estereótipos de gênero" (p. 9). *Avon* e *Dow* exigem candidatas mulheres na mesma proporção de homens para as entrevistas, já a empresa *Coca-Cola Brasil* possui uma meta estratégia específica para área de finanças e operações a fim de equilibrar a participação de homens e mulheres nessas funções, esforço também seguido pela *Dow* nas áreas de engenharia e manufatura.

As empresas *Eletronorte* e PWC praticam a política de que todas as vagas da empresa, em qualquer nível, precisam ter mulheres candidatas. A *Caixa Econômica Federal* incluiu em suas normas a recomendação de que as bancas de avaliação de

---

2. Vale lembrar que pesquisas de 2007, feitas pela McKinsey & Co sugeriam que as mulheres não conseguiam progredir em suas carreiras porque eram menos ambiciosas, não buscavam promoção ou optavam por abandonar o canal corporativo. Pesquisas subsequentes, de 2013 a 2016 trouxeram outro cenário. Em 2013, 79% das mulheres de nível médio e sênior entrevistadas em nível mundial estavam interessadas em alcançar uma posição de alta gerência, o que representa a mesma proporção que os homens. Do mesmo modo, o relatório *Women in the Workplace,* de 2016, mostrou que, nos Estados Unidos, 74% e 80% das mulheres e dos homens, respectivamente, almejavam a promoção.

competências em seus processos seletivos internos tenham composição equânime em gênero (formadas por homens e mulheres), como uma das medidas para assegurar oportunidades iguais a todos e todas. O *Banco do Brasil* promoveu o Fórum Equidade de Gênero em 2015 a fim de fomentar a discussão da igualdade de gênero focando na ascensão profissional, equilíbrio entre vida pessoal e profissional, educação corporativa e conscientização. O "Guia de Conduta" da *Petrobras*, aprovado em novembro de 2014, apresenta o que a empresa compreende por discriminação, assédio moral, liberdade religiosa, respeito à diversidade e à igualdade de gênero. A *Eletrobrás Eletronorte* criou a cláusula "Da Promoção da Equidade de Gênero e Raça" no seu manual de práticas de contratação. A ação resultou em mais contratações de mulheres nas funções de motorista e vigilante, ocupadas majoritariamente por homens. Para mostrar que "valoriza a pluralidade de culturas, origens, raça, classes sociais, gênero e orientação sexual", o *Carrefour* realizou uma campanha interna sobre diversidade, abordando "a importância do respeito às diferenças".

SAÚDE, SEGURANÇA E FIM DA VIOLÊNCIA

Há também um conjunto de medidas empresariais sendo tomado quanto à questão da "Saúde, segurança e fim da violência", o terceiro princípio de empoderamento das mulheres desenvolvido no documento da ONU. Para "facilitar os cuidados com filhos e filhas e propiciar uma convivência familiar mais próxima na primeira infância", *Avon, Boticário* e *Unilever* oferecem creches em algumas de suas unidades. A empresa EY oferece às gestantes orientações desde o momento em que a mulher comunica a gravidez à empresa até o seu retorno após a licença-maternidade, sendo garantido um retorno ao trabalho com agenda flexível, *coaching* para seu momento profissional e mentoria com uma profissional que já passou pela situação. No quesito flexibilidade no trabalho, há seis anos foi implantada a Política de Flexibilidade e Arranjos de Trabalho Flexível, que disponibiliza trabalho remoto, carga semanal comprimida e jornada reduzida. Os benefícios dos tratamentos não convencionais de saúde vêm sendo percebidos pelas empresas, que passam a incluí-los em seus planos de saúde para os funcionários e funcionárias. *Braskem,* KPMG *e PwC*, por exemplo, cobrem psicoterapia. Por sua vez, *Coca-Cola Brasil, Eletrobras Eletronorte* e *Vale* são empresas que dão cobertura para a acupuntura. Também são cada vez mais populares os patrocínios às academias e grupos de corrida.

Muitas empresas decidiram estender para 180 dias a licença-maternidade, como *Braskem, Coca-Cola Brasil* e *Walmart.* A *Caixa Econômica Federal, Eletrobras, Embrapa,* IBM, *Petrobras* e *PwC*, além dos 180 dias de licença-maternidade, também dispõem de licença-paternidade superior aos cinco dias previstos em lei. A *Petrobras* oferece 29 salas de amamentação instaladas em refinarias, campos de exploração e fábricas de fertilizantes. A *Braskem* adaptou o uniforme de suas funcionárias às suas necessidades específicas para aumentar o bem-estar e a segurança. A *Embrapa* oferece auxílio financeiro mensal para filhos ou dependentes com deficiência, para despesas com tratamentos e/ou escolas especializadas. Além do auxílio, há a possibilidade de redução da jornada de trabalho em casos de necessidade de assistência comprovada.

Em relação às jornadas flexíveis, a *Embrapa* também disponibiliza essa opção para funcionários e funcionárias que estejam cursando pós-graduação. O *Banco do Brasil* está realizando um projeto piloto para criação de uma política de *home-office* (trabalho remoto) e, dentre as práticas de flexibilidade, privilegia as mulheres na escolha das agências em que vão trabalhar para que possam estar perto de casa e conciliar demandas familiares (p. 11).

EDUCAÇÃO E FORMAÇÃO

Quanto à educação e formação a visão estratégica de longo prazo das empresas transnacionais salta aos olhos. A perspectiva de gênero, voltada para programas e oportunidades de crescimento empresarial "equânime" entre funcionários e funcionárias tem começado a fazer parte dos treinamentos em empresas como *Bloomberg, Deloitte e JP Morgan. Accenture, Dow, EY, KPMG e Unilever* têm programas de mentoria específico para mulheres. A *Avon* patrocinou a criação de uma disciplina sobre a sub-representação da mulher em espaços como o alto escalão de empresas e a política no curso de graduação em administração de empresas e administração pública da *Fundação Getúlio Vargas* (FGV), em São Paulo. A Itaipu tem ações para promover e incentivar as meninas e mulheres a seguir carreiras tecnológicas e contribuir para o desenvolvimento da inovação. A *Caixa Econômica Federal* realiza periodicamente eventos de sensibilização dos funcionários e funcionárias sobre os temas de gênero, diversidade e violência doméstica.

A *Whirlpool* identificou que a ambição das mulheres da empresa em chegar a cargos de diretoria era 40% inferior à dos homens. Feito o diagnóstico, a empresa começou um trabalho para identificar o que suas funcionárias encaram como barreira, para tentar criar políticas que as removam. A *Unilever* tem o *Programa Aquarela*, cujo objetivo é ser mais uma ferramenta de inclusão social: o programa seleciona meninos e meninas de baixa renda no ensino médio público, em igual proporção, com potencial para desenvolver uma carreira na empresa, e acompanha os mesmos oferecendo suporte para ingresso e conclusão da faculdade. (p. 13).

DESENVOLVIMENTO EMPRESARIAL E PRÁTICAS DA CADEIA DE FORNECEDORES E DE MARKETING

Quanto ao quinto princípio de empoderamento das mulheres, "Desenvolvimento empresarial e práticas da cadeia de fornecedores e de marketing" o documento elaborado pela ONU *Mulheres* nos informa as seguintes práticas empresariais: a *Caixa Econômica Federal* incluiu a perspectiva da Diversidade – por meio dos eixos temáticos de gênero, raça/cor e etnia, orientação sexual e identidade de gênero, e pessoas com deficiência – em sua Política de Comunicação, qualificando a maneira como retrata seus e suas clientes e empregados e empregadas em suas peças de marketing e endomarketing. A *Avon* lançou, por meio do *Instituto Avon*, a campanha Fale Sem Medo – Não à Violência Doméstica, em que usava o mote "a violência não pode ser maquiada", no ano de 2015. A campanha mostrando que é possível se libertar do "não é pra mim" da marca *Quem disse, Berenice?*, do *Grupo Boticário*, e a Campanha Beleza Real da Dove, da *Unilever*, investem na desconstrução do estereótipo da mulher ideal. A agência de publicidade *Heads* lançou a campanha *Todxs por Elas*, que promove conscientização para sua clientela e setor sobre como superar estereótipos e adotar linguagem e representação mais inclusiva em sua comunicação.

Em 2011, o *Walmart* lançou uma campanha para ajudar a capacitar as mulheres em toda a sua cadeia de suprimentos. Estabeleceu metas ambiciosas para o prazo de 5 anos: dobrar o volume de mercadorias adquiridas de mulheres fornecedoras internacionalmente; promover treinamento e oportunidades de acesso ao mercado às mulheres na agricultura e nas fábricas; realizar capacitação formal a mulheres de baixa renda de diferentes áreas de atuação para ajudá-las a chegar ao ensino superior e terem acesso ao mercado de trabalho; apoiar seus fornecedores e fornecedoras a aumentar a diversidade de gênero em suas empresas. *Accenture, Apple, Cargill, Cisco, Coca-Cola Brasil, Cummins*, EY, HP, IBM, *Johnson & Johnson, Microsoft, P&G, Pfizer e Sodexo*, dentre outras, são empresas engajadas na ONG WE *Connect*, que contribui para o acesso a mercado para negócios liderados por mulheres. A IBM tem uma pessoa exclusiva em compras para verificar o trabalho dos diversos fornecedores e fornecedoras, avaliando metas anuais para aumentar as compras de empresas fornecedoras lideradas por grupos historicamente discriminados.

O SESI *Paraná* disponibiliza desde 2011 a publicação "Relações de Gênero na Indústria: Metodologia SESI-PR em Prol da Equidade para indústrias parceiras", que tem o objetivo de compartilhar conhecimento para a implantação de procedimentos de gestão comprometidos com a igualdade de gênero. Foi incluída a "lente de gênero" no Manual de Compras Sustentável do Conselho Empresarial Brasileiro para o Desenvolvimento Sustentável (CEBDS), patrocinado por *Banco do Brasil, Braskem, Caixa Econômica Federal, Coca-Cola Brasil, Eco Frotas, Eco Benefícios, Expers, Itaú, Mapfre Seguros* e o governo federal. Há ainda a promoção de pesquisas e estudos sobre os temas relacionados à igualdade de gênero e sua relação com o desenvolvimento econômico por empresas como *Bain & Company*, EY, KPMG, *McKinsey & Co e PwC* (p. 15).

LIDERANÇA COMUNITÁRIA E ENVOLVIMENTO

Quanto ao sexto princípio, "Liderança comunitária e envolvimento", o documento da ONU cita as seguintes iniciativas empresariais: criado com o objetivo de empoderar e gerar renda para jovens de 15 a 25 anos através de formação técnica, comportamental e encaminhamento ao mercado de trabalho, o *Coletivo Coca-Cola* já formou mais de 100 mil pessoas, sendo a maioria mulheres. O *Instituto Avon* tem suas ações destinadas ao combate ao câncer de mama e a violência contra as mulheres há mais de 12 anos, contando com investimentos próprios e dos consumidores que apoiam suas diferentes causas. O *Instituto Lojas Renner*, por sua vez, investe em projetos para o empoderamento das mulheres desde 2008, com iniciativas que fomentam o empreendedorismo feminino por meio de capacitação profissional e acesso a mercado.

A *FoxTime* exerce uma função protagonista em projeto piloto que apoia o recomeço da vida profissional e pessoal de 20 mulheres refugiadas em São Paulo, em conjunto com a Agência da ONU para Refugiados (ACNUR), o Pacto Global, o Programa de Apoio para Recolocação dos Refugiados (PARR) e a ONU *Mulheres*.

Várias das empresas signatárias dos *Princípios de Empoderamento das Mulheres* têm projetos de conscientização comunitária que incentivam os funcionários e funcionárias a dividir igualmente com as companheiras e os companheiros as tarefas domésticas e também promovem a paternidade responsável, como *Nogueira, Elias, Laskowisk e Matias Advogados, PwC* e *Walmart*.

Accenture, Coca-Cola Brasil e IBM mensuram o percentual de mulheres impactadas por seus programas. A *Schneider Electric* possui um projeto pelo qual suas executivas visitam escolas técnicas e de ensino médio para estimular as estudantes a escolherem profissões do mercado de tecnologia. A EY criou no Brasil o projeto *Winning Woman* (Mulheres Vencedoras), que busca aconselhar e reconhecer empreendedoras brasileiras de sucesso para que possam estar preparadas para superar seus desafios. Também conecta as empreendedoras com outras organizações e pessoas relevantes que possam apoiar suas empresas na jornada para o crescimento. A *Embrapa* desenvolve projetos sociais que promovem o empoderamento das mulheres que trabalham com agricultura em comunidades rurais, como quebradeiras de coco e catadoras de mangaba.

Algumas empresas já têm ações comunitárias destinadas a combater diretamente a violência doméstica contra mulheres e crianças, como *Accenture, Avon, Coca-Cola Brasil, Eletronorte,* EY, KPMG, *Nogueira, Elias, Laskowisk e Matias Advogados e Vale.* A *Caixa Econômica Federal* tem uma linha de crédito voltada a pequenas empreendedoras, que faz parte da Política Nacional de Microcrédito Produtivo Orientado, para fomentar o empreendedorismo feminino. O *Itaú*, por sua vez, tem uma plataforma online e presencial de orientação para mulheres empreendedoras, o *Itaú Mulher Empreendedora*. O portal *Tempo de Mulher*, o *Banco Interamericano de Desenvolvimento* (BID) e a *Unilever* investiram na criação de uma plataforma online de orientação profissional e pessoal para mulheres, a Escola de Você. O *Instituto Consulado da Mulher*, da *Whirlpool*, trabalha na transformação social por meio do incentivo ao empreendedorismo para mulheres de baixa renda e escolaridade que vivem em comunidades vulneráveis na periferia das grandes cidades ou em áreas rurais de todo o Brasil.

TRANSPARÊNCIA, MEDIÇÃO E RELATÓRIOS

Por fim, quanto ao sétimo Princípio de Empoderamento das Mulheres desenvolvido no documento da ONU, "Transparência, medição e relatórios", é citada a publicação de indicadores de gênero no *Global Reporting Initiative* (GRI) por empresas como *Avon, Boticário, Caixa Econômica Federal, Dow, Eletronorte,* KPMG, *Petrobras* e *Vale. Dow,* EY, *Itaú* e *Walmart* adotam a versão do GRI que inclui o indicador que mensura a proporção média de salários entre homens e mulheres (LA13). O BNDES criou uma base de dados histórica que servirá de apoio para a análise da progressão das mulheres na carreira para fortalecer as ações em prol da igualdade de gênero nos cargos de decisão. A *Caixa Econômica Federal* criou categorias de diversidade na ouvidoria interna como forma de identificar toda manifestação de discriminação de gênero, raça/cor e etnia, orientação sexual e identidade de gênero, pessoas com deficiência, geração e religião. A área de recursos humanos da *Coca-Cola Brasil* tem indicadores para monitorar questões bastante específicas, como a evasão de mulheres após a licença-maternidade, que atualmente está próxima de zero. A *Eletronorte* publica, em seus relatórios de sustentabilidade, um banco de dados sobre a diversidade de gênero entre a mão de obra terceirizada para acompanhar seus compromissos públicos com mais igualdade de gênero (p. 19).

Em 2012 a União Europeia aprovou uma medida estabelecendo que os conselhos de administração das empresas tenham 40% de mulheres até 2020. No Brasil o *Instituto Ethos* apoia o Projeto de Lei do Senado (PLS) 112/2010, da senadora Maria do Carmo Alves, o qual reserva para as mulheres 40% das vagas nos conselhos de administração das empresas públicas, sociedades de economia mista e demais empresas em que a União detenha a maioria do capital social com direito a voto.

Qual destas bandeiras, princípios e práticas enumeradas acima não encontraria apoio nas organizações da esquerda feminista? A convergência e/ou contradição entre coletivos de esquerda organizados em torno de pautas identitárias e organizações empresariais e governamentais que buscam manejar lucrativamente essas pautas é algo a se explorar. O objetivo da ONU é promover o desenvolvimento econômico do capitalismo, com uma aposta na igualdade de gênero enquanto um caminho. Até aí nada de surpreendente. É melhor um capitalismo com a igualdade entre homens e mulheres, tanto para o desenvolvimento do capitalismo quanto para a vida cotidiana das mulheres, negros e demais grupos que sofrem com a discriminação. A questão é que isso evidencia que a ocupação de espaços dentro do sistema não constrói a sociedade que queremos, em termos de horizontalidade, justiça e igualdade substantiva. Pelo contrário, reforça as bases políticas, econômicas, culturais e ideológicas do sistema hierárquico de exploração e opressão a que chamamos capitalismo. Nesse sentido, a política identitária levada a cabo por movimentos antiopressão reforça o próprio sistema de relações sociais que cria e recoloca as opressões, estruturalmente.

Enquanto a esquerda anticapitalista não forjar na prática respostas satisfatórias às demandas concretas de negros, mulheres, LGBTs e outras "minorias" a plataforma teórica e prática do identitarismo seguirá norteando as lutas por caminhos nebulosos que pouco têm a contribuir com as condições de vida das franjas negra, feminina e LGBTs da classe trabalhadora.

Uma convergência de interesses entre feminismo e instituições capitalistas?

Por conta da convergência de interesses entre práticas de segmentos da esquerda e de segmentos empresariais e de governos, nos últimos anos vemos uma crescente integração de mulheres e, em um ritmo mais lento, de negros, nos cargos superiores e de chefia das empresas, bem como nos cargos de comando das instituições estatais.

Isso nos coloca diante da divergência acerca do caráter atrelado ou independente entre machismo, racismo e capitalismo. Noutros termos, será possível um capitalismo sem machismo e sem racismo? Os dados levantados até aqui nos indicam que não há uma correlação necessária entre exploração do tempo de trabalho e racismo ou machismo, muito embora o sistema capitalista consiga, muitas vezes, manejar lucrativamente os elementos políticos, ideológicos e identitários de discriminação a fim de potencializar a exploração da classe trabalhadora como um todo. Ainda assim, dúvidas persistem.

Será mesmo que o desenvolvimento capitalista caminha para um capitalismo colorido? Os dados levantados a seguir buscam indicar outros elementos para pensarmos essa questão, mas antes de qualquer coisa vale lembrar que há movimentos feministas e antirracistas e LGBTs que defendem que não há capitalismo sem machismo ou sem racismo e que, portanto, a luta feminista e antirracista seria em si mesma danosa ao sistema e, por isso, anticapitalista. Será?

Em diversos países do globo, a luta feminista, negra e de direitos às chamadas minorias tem garantido um movimento irrefreável de reversão deste quadro de elites masculinas e brancas, como o mostram não apenas os dados positivos com relação aos anos anteriores, mas a própria repercussão automática gerada por qualquer posicionamento contrário à tendência de integração multiculturalista e identitária, as chamadas "agendas de diversidade".

Como exemplo do grau de legitimidade desse movimento vale lembrar o rechaço sofrido pela *Apple* por ter, em janeiro de 2016, feito circular um documento onde recomendava a seus acionistas o veto de uma cláusula que previa a adoção de medidas para garantir "maior diversidade na empresa": mais mulheres, negros e pessoas pertencentes a outras minorias nos cargos de administração e gestão de topo.[1]

Em 2015 a pressão do *"Rainbow Push Coalition"*, grupo de ativistas dos direitos civis encabeçado pelo líder negro Reverendo Jesse Jackson, já havia garantido que a *Apple* nomeasse duas novas vice-presidentes negras, Lisa Jackson e Denise Young Smith. A empresa não teria diretores negros ou latinos, e 12 dos 15 principais executivos seriam homens brancos. *Google*[2], *Facebook*[3], *Yahoo*, *Twitter* e *Intel*, além das demais empresas do Vale do Silício, têm sido forçadas pelo Congresso estadunidense e por líderes ativistas e consumidores a publicar relatórios onde expõem a composição de gênero e origem

---

1. Cf. "Apple Formally Opposes Shareholder Call For Increased Diversity" (<*https://bit.ly/3f1QRD1*>) e CASTRO (2016).

2. Cf. <*https://bit.ly/3d3RGcH*>.

3. Cf. <*https://bit.ly/3aJNMno*>.

étnica de seus funcionários, o que por sua vez tem levado ao aumento da contratação e nomeação de minorias para os cargos de chefia, visando a promoção pública de uma empresa com quadro gestor colorido.

Em 2014, por exemplo, a *Apple* mais do que duplicou o número de mulheres, negros e hispânicos contratados. Segundo o CEO da empresa, Tim Cook, em 2014 a empresa contratou "mais de 11 mil mulheres a nível mundial, o que representa 65% a mais do que no ano anterior. Nos Estados Unidos, nós contratamos mais de 2200 empregados negros, um aumento de 50% sobre o ano passado, e 2700 funcionários latino-americanos, um aumento de 66%". O gestor ainda se defende de possíveis críticas à empresa e garante que o movimento de contratação prioritária de minorias continuará: "Algumas pessoas vão ler esta página e ver o nosso progresso. Outros irão reconhecer que ainda há muito trabalho a fazer. Nós vemos ambos".[4]

Em 2014 o *Twitter* foi forçado a divulgar a composição de gênero e etnia de seus empregados e a adotar iniciativas voltadas para "um maior equilíbrio e diversidade entre seus funcionários". Além de patrocinar conferências voltadas para grupos sub-representados como *"Out for Tech"* e *"Grace Hopper"* a empresa apoia a iniciativa *"Girls Who Code"*, e hospedou dois programas de imersão do projeto em San Francisco, Nova York e Boston, assim como o *"Girl Geek Dinners"* e o *"sf.girls"*, que incentivam meninas do ensino médio a seguir carreira na área de tecnologia.

---

4. Cf. <*https://glo.bo/2SdIhHo*>.

Os investimentos atuais das empresas atentas à agenda da diversidade concentram-se nos alunos do ensino fundamental e médio, muito embora os estágios posteriores sejam eficazes para captar mulheres e meninas. As empresas de tecnologia, por exemplo, concentram 66% de seu financiamento filantrópico em programas do ensino fundamental, em comparação com 3% em programas de nível superior. Embora muitas empresas invistam em esforços de recrutamento no final da faculdade, poucas investem filantropicamente no ensino superior a fim de construir a mediação a partir da qual acabarão por recrutar pessoal qualificado. Isso aponta para uma oportunidade perdida pelas empresas de tecnologia, que poderiam aprimorar, no curto prazo, a composição de gênero em todos os níveis da carreira (pipeline).

O *Twitter* apoia iniciativas destinadas às mulheres como *Technovation*, *Techwomen*, LEAD *Instituto Ciência da Computação*, *PyLadies* e *Black Girls* CODE. A "*Rainbow Push Coalition*" conseguiu mobilizar mais de 25 mil petições para que o *Twitter* liberasse seus dados de diversidade entre os funcionários. O grupo, em parceria com a organização *ColorOfChange.org*, criticou a dificuldade de empresas de tecnologia em contratar e manter mulheres e minorias em seus quadros de funcionários, defendendo que "não há déficit de talentos, há um déficit de oportunidades".[5]

---

5. Cf. <*https://bit.ly/2W24ror*>. Ver também ADAMS & FERREIRA (2009), acerca dos impactos na economia e governança de se ter mulheres em cargos de gestão e o artigo de ADLER (2009) intitulado "Lucro, seu nome é Mulher?". Ver ASHCRAFT, C. & BREITZMAN, A (2007) para informações sobre a participação feminina em patentes na área de informática.

Vale lembrar que essa estrutura explicativa é a mesma usada pelo *Banco Mundial* e onu ao tratar de diversas desigualdades sociais como fruto não da própria estrutura do capitalismo, mas da "falta de oportunidades", em âmbito individual, a partir de onde passam a defender o empreendedorismo como solução para o problema da pobreza e desigualdade social.

Em janeiro de 2015 a *Intel* anunciou um investimento de três anos no valor de us$ 300 milhões de dólares, a serem aplicados em medidas para "melhorar a diversidade da força de trabalho da empresa, atraindo mais mulheres e minorias para o setor da tecnologia e tornando a indústria mais receptiva a eles quando forem contratados". Segundo a empresa o dinheiro será usado para financiar bolsas de estudo em engenharia e para apoiar universidades de público majoritariamente negro.

Estas medidas visam combater uma tendência negativa do setor, apontada por pesquisas recentes:

O setor de tecnologia precisa inovar para expandir sua força de trabalho técnica — e rapidamente. De acordo com um recente *paper* posto em discussão pelo *McKinsey Global Institute*, a demanda por habilidades avançadas de programação e ti aumentará em até 90% nos próximos 15 anos. Os líderes de negócios em todos os setores já estão relatando uma escassez esperada de habilidades técnicas em suas empresas nos próximos três anos. E a competição por talentos técnicos está prestes a se tornar muito mais feroz em todos os setores, à medida que empresas de todos os tipos aumentam suas capacidades técnicas. Para ficar à frente, o setor de tecnologia precisa expandir rapidamente seu banco de talentos, investindo e atraindo talentos historicamente subutilizados, principalmente as mulheres. [6]

O relatório conclui ainda que se as empresas de tecnologia se mostrarem capazes de criar caminhos para mulheres e meninas, "*particularmente mulheres e meninas de cor e mais marginalizadas*", pessoas "que enfrentam o maior número de barreiras", a fim de incentivá-las a buscar carreiras em tecnologia, a indústria "se beneficiará de um conjunto de talentos muito mais amplo e realizará novas oportunidades". A receita é dada em detalhes:

Como parte de um esforço mais amplo de diversidade, é importante que as empresas apoiem programas somente para meninas ou programas coeducacionais que se concentrem em alcançar pelo menos 40% de representação de meninas por meio de etapas proativas de recrutamento e retenção. Manter o foco na representação igual das mulheres, com metas declaradas no nível do programa, é a única maneira de evitar replicar as mesmas proporções de gênero que vemos hoje na tecnologia. Ajude os que enfrentam mais barreiras – mulheres e meninas de cor sub-representadas. As mulheres experimentam diferentes tipos de barreiras e preconceitos quando estudam computação e buscam uma carreira em tecnologia devido à sua raça ou etnia, status socioeconômico, sexualidade e outros elementos de suas identidades e origens. As empresas podem apoiar estratégias e programas que atendam aos desafios específicos enfrentados pelos subsegmentos de mulheres que enfrentam múltiplas formas de marginalização. Concentrar-se nas experiências daqueles que enfrentam o maior número de barreiras irá estimular soluções que, em última análise, melhoram a inclusividade do setor de tecnologia para todos os grupos sub-representados. [...] As empresas de tecnologia devem trabalhar com seus parceiros para

---

6. Cf. <*https://mck.co/35bvv1t*> e <*https://mck.co/2SeHu93*>.

garantir que esses fatores de sucesso sejam implementados para maximizar o impacto de seus investimentos: 1. Ofereça rampas de acesso para iniciantes. 2. Crie um sentimento de pertença. 3. Construa a confiança [das meninas] em suas habilidades. 4. Cultive uma comunidade de pares de apoio. 5. Garanta que os apoiadores adultos (família, professores, conselheiros) sejam encorajadores e inclusivos. 6. Fomente o interesse em carreiras de computação. 7. Crie continuidade entre as experiências de computação. 8. Forneça o acesso à tecnologia e experiências de computação. (op. cit)

Com respeito ao item 7, o relatório da pesquisa realizada pela Pivotal Ventures (uma empresa de investimento e incubação criada por Melinda Gates) e McKinsey se explica:

A maioria dos programas tem como alvo apenas um estágio específico da jornada tecnológica. No entanto, se a experiência de mulheres e meninas na tecnologia é única, elas são menos propensas a permanecer engajadas na computação. As empresas podem encorajar os programas que apoiam para se conectarem uns com os outros e fazer a transição suave das mulheres jovens de uma experiência para outra — e investir para preencher as lacunas nas ofertas de programas. Desenvolver esse "tecido conjuntivo" aumenta a probabilidade de que as experiências nas quais uma empresa investe levem as mulheres a entrar no setor. (op. cit)

A relação entre estas políticas e a lucratividade da empresa não é apenas indireta, no plano do apoio dos consumidores a uma empresa "socialmente responsável" em termos de inclusão de "diversidades", mas sim diretamente econômica: em notícia de 2015 a empresa anunciou que investirá em medidas para trazer mais mulheres para o ramo dos jogos eletrônicos. A diretora executiva da empresa, Kate Edwards, afirmou que a *Intel* planeja criar e sustentar uma equipe feminina de *gamers* profissionais, já tendo estabelecido uma parceria com a Associação Internacional dos Desenvolvedores de Jogos, entidade sem fins lucrativos que vai enviar 20 universitárias a uma conferência de desenvolvedores de jogos com o apoio da *Intel*.[7] A iniciativa da *Intel* de criação de bolsas de estudo para universidades e faculdades tradicionalmente negras foi adotada pela *Google* e *Apple*.[8]

Renee Richardson Gosline, da *Mit Sloan School of Management* observa que "Uma geração mais jovem de consumidores está buscando produtos que estejam alinhados com suas causas". Patti Williams, da Universidade da Pensilvânia, pontua que os consumidores de hoje em dia "esperam que as marcas compartilhem seus valores e não apenas representem o melhor valor e utilidade". Da mesma forma, as empresas mais atentas aos ventos do nosso tempo querem recrutar trabalhadores da mesma geração de seus consumidores, o que também significa apelar para seus valores. "Os jovens não querem trabalhar para uma empresa se isso for considerado prejudicial ao meio ambiente ou à sociedade", diz Jaideep Prabhu, da Judge Business School, da Universidade de Cambridge. "Eles querem ter orgulho de dizer onde trabalham".

Já no passado algumas grandes empresas demonstraram uma "consciência social". Em 1969, por exemplo, em meio a uma época de altas tensões raciais, a Coca-Cola publicou um anúncio chamado "Boys on a Bench" em que jovens negros e brancos estavam sentados juntos, degustando a bebida gasosa.[9]

---

7. Cf. <https://bit.ly/35c7pDF>.
8. Cf. <https://bit.ly/3eVYiLJ>.
9. Cf. <https://bit.ly/3eVFHQ8>. Há ainda o esforço anterior de propaganda, pós-Segunda Guerra, voltado para o mercado consumidor afro-americano,

Segundo o colunista Bartleby, da *The Economist*, em seus primórdios os anúncios eram um pouco mais sutis do que os exemplos modernos, como por exemplo o da empresa de lâminas de barbear *Gillete*, que retrata criticamente a "masculinidade tóxica", mas "as empresas estão mais uma vez sendo empurradas para o fórum político porque as 'guerras culturais' dos EUA cobrem muitos problemas que afetam o local de trabalho".[10]

Larry Fink, gestor da empresa administradora de ativos *BlackRock*, escreveu em sua Carta anual a executivos-chefes que "a sociedade está cada vez mais procurando empresas, públicas e privadas, para lidar com questões sociais e econômicas prementes. Essas questões vão desde proteger o meio ambiente até a aposentadoria, passando pela desigualdade de gênero e racial".

Iris Bohnet, professora de políticas públicas na *John F. Kennedy School of Government* da *Harvard University*, lembra algumas das vantagens organizacionais inerentes a uma maior diversidade no corpo gestorial de uma empresa:

A evidência é muito forte de que equipes diversas superam equipes homogêneas, sejam elas masculinas ou equipes exclusivamente femininas. Isso ocorre em todos os tipos de variáveis dependentes diferentes, desde a solução criativa de problemas até as tarefas analíticas e as habilidades de comunicação. A diversidade ajuda porque temos uma complementaridade de diferentes perspectivas, ou o que chamamos de "inteligência coletiva".[11]

---

encabeçado por Moss Kendrix. Ver: "Consuming America: Moss Kendrix, Coca-Cola and the Identity of the Black American Consumer" e sobre a primeira mulher negra a aparecer em uma propaganda da Coca-Cola, ver: <*https://bit.ly/3cSTmW4*>.

10. Cf. <*https://econ.st/2Sc9HgB*>.

11. Cf. <*https://mck.co/2YcVnIC*>.

Tal como o *Instituto Ethos* e as maiores transnacionais, em especial as do setor de tecnologia, também empresas brasileiras estão atentas às oportunidades de negócios no plano da integração da diversidade. Em um site voltado para o treinamento empresarial e à educação corporativa podemos ler:

a participação de negros no primeiro escalão das empresas nem sequer superou um ponto percentual. Mesmo no quadro funcional, no pé da pirâmide hierárquica, a igualdade de raças ainda está em 1,3%. Aparentemente, o empresariado brasileiro continua refém do "olhar acostumado", em vez de avançar rumo a uma postura mais agressiva. É importante entender que não se trata apenas de um problema social. O perfil predominante de brancos entre os colaboradores bate de frente com a demanda por diversidade cultural, que veio junto com a globalização. As empresas deveriam entender a diversidade cultural como uma oxigenação do ambiente organizacional e como oportunidade de negócios. O Brasil, um país abençoado com tanta diversidade cultural, simplesmente deixa de ganhar com mais dinamismo, mais debate, mais pluralidade e mais interação. Não faz sentido deixar espaço para os concorrentes terem políticas multiculturais, enquanto empresas brasileiras seguem monoculturais. [...] O negro está consciente de que pode continuar contribuindo para criar riquezas financeiras – o branco não pode, pelo menos, entrar num jogo ganha x ganha mais equilibrado com o negro?[12]

Hank Williams, empresário nova-iorquino fundador e presidente da empresa de serviços na nuvem *Kloudco* esclarece que trazer mais diversidade ao Vale do Silício, o principal polo tecnológico dos Estados Unidos, não é apenas uma questão moral ou econômica: "O problema é que nossa economia é baseada em inovação", "Se todo nosso crescimento vier de

---

12. Cf. <*https://bit.ly/3cK9SYy*>.

setores que excluem vários grupos demográficos, isso pode gerar uma crise". Esta importante fala conflui com diversas pesquisas citadas até aqui.

A pressão por maior diversidade e inclusão nos postos de trabalho do ramo tecnológico estadunidense levou à elaboração, pelo *Wall Street Journal*, de um infográfico onde os consumidores e ativistas podem checar o grau de diversidade de cada empresa.[13]

Atualmente a lucratividade das empresas está totalmente articulada ao *politicamente correto*. Uma campanha difamatória de uma empresa sem responsabilidade social, ambiental ou cultural pode levar uma empresa a perdas significativas e, inclusive, à falência, assim como o engajamento próximo às demandas dos movimentos sociais pode garantir uma maior lucratividade. A pressão dos movimentos identitários já levou à criação de uma série de organizações, empresas especializadas e iniciativas, tanto corporativas quanto civis e não lucrativas, voltadas para a redução da disparidade étnica e de gênero. Só nos EUA e na área tecnológica podemos citar como exemplo as iniciativas *#YesWeCode*, o *Code 2040*, a *Girls Who Code*, a *All Star Code*, o *Digital Undivided*, a BUILDUP, a *Black Girls Code*, a *Silicon Harlem's Apps Youth Leadership Academy*, a *Latino Startup Alliance*, a *Black Founders*, o *Culture Shift Labs*.[14]

Bartleby, colunista da *The Economist* citado acima, comentando a inclusão de mulheres nos conselhos gestores conclui:

---

13. Cf. <*https://bit.ly/2yMXiJq*>.
14. Cf. <*https://bit.ly/2yKiQ9B*>.

há um milhão de razões pelas quais as empresas podem ou não ter sucesso, do clima econômico à tecnologia, e a composição do conselho provavelmente é apenas uma pequena influência. Mas a nomeação de mais mulheres poderia enviar um sinal para as funcionárias e clientes de que a empresa é um empregador inclusivo. E há uma chance de que diretores do sexo feminino ajudem as empresas a evitar o tipo de desastre de marketing, como as canetas da Bic para mulheres.[15]

A despeito das iniciativas estatais e do interessado apoio empresarial a diversos elementos da "agenda da diversidade" a situação de disparidade de salários é ainda particularmente notável quando se observa o caso das mulheres negras, que sofrem com discriminações de gênero e de cor, tendo no Brasil uma renda média 41,5% menor do que ganham as mulheres brancas e recebendo um salário 25,5% menor que o de homens negros. Milko Matijascic, pesquisador do *Instituto de Pesquisas Econômicas Aplicadas* (IPEA), conclui a partir destes dados que "É preciso trabalhar políticas de gênero e raça em paralelo. Não adianta pensar que se melhorar a educação de um modo geral, tudo vai se equiparar. As mulheres já têm mais anos de educação que homens e continuam ganhando menos". Ora, se a qualificação é maior e a remuneração é menor, estamos diante de uma potencialização da exploração por meio de mecanismos de mais-valia absoluta, ou seja, utiliza-se a discriminação de gênero e de cor para sub-remunerar o trabalhador qualificado.

---

15. Cf. <*https://econ.st/3eVsVRo*>. O caso da fracassada "homenagem" da empresa de canetas Bic, com a linha "Bic Para Elas", pode ser conferido aqui: <*https://bit.ly/2KFckU4*>.

Como a Lei das Cotas só entrou em vigor em 2012 o IPEA aponta que a política de cotas é ainda "muito recente e pontual para ter reflexos relevantes nos indicadores macroeconômicos". Frei David Santos, especialista em ações afirmativas e fundador da ONG *Educafro*, afirmou em entrevista que não há dúvidas de que esta política provoca reflexos positivos na "classe negra": "A comunidade negra está se empoderando, especialmente por meio do acesso à universidade", afirma. Também em entrevista, Nelson Pires, estudante cotista da UERJ, conta que frequentou cursinhos comunitários e conseguiu uma vaga no curso de Engenharia Civil, incentivado pela irmã, que já havia conseguido vaga no curso de Direito. O futuro engenheiro conta que seus pais sequer os incentivavam a prosseguir com os estudos após o Ensino Médio: "Meu pai falava para minha irmã que ela teria um diploma, mas não teria um emprego. Hoje, ele mudou de postura, nos ajuda sempre que precisamos e incentiva meus outros dois irmãos a estudar". Convicto de que há um "cenário promissor para o futuro", Nelson conta que a irmã acaba de passar no exame da Ordem dos Advogados do Brasil: "A gente quebrou um ciclo. Também vou exigir que meus filhos estudem também". Depois da implantação da Lei de Cotas, outras políticas afirmativas foram implantadas no Brasil. Em 2014 foi aprovada uma lei que reserva vagas para negros em concursos públicos, e em 2015 foi sancionada no Rio de Janeiro uma lei que garante cotas em cursos de pós-graduação.[16]

---

16. Cf. "Renda de negros cresce 56,3%" <*https://bit.ly/2SfaEFb*> e "Negros quase triplicam no ensino superior no Brasil em 10 anos", Agencia Brasil, 2015.

Era uma prática comum, até pouco tempo atrás, a justificativa empresarial de que o baixo recrutamento de mulheres para empregos e promoções para cargos de chefia ocorria em virtude da falta de candidatas mulheres qualificadas. De acordo com a pesquisa da Mckinsey & Co, *Women in the workplace 2017*, "essa desculpa não cola mais", pois as pessoas estariam compreendendo que os preconceitos podem minar o sucesso das mulheres:

O viés de avaliação de desempenho, por exemplo, significa que os homens tendem a ser mais avaliados quanto a seu potencial e as mulheres quanto a suas realizações até o momento. As mulheres também tendem a receber menos crédito do que os homens pelo sucesso e mais críticas pelo fracasso. Além disso, as mulheres são menos assertivas que os homens e subestimam suas próprias contribuições. O viés materno desencadeia suposições de que as mães têm menos comprometimento com suas carreiras, portanto, elas são avaliadas segundo padrões mais elevados e recebem menos oportunidades de liderança.

O tema das cotas em cargos de comando surge quando o relatório tematiza as ações que as empresas adotam, incluindo a McKinsey, para promover a igualdade no trabalho:

Estes incluem a oferta de cursos de formação sobre o preconceito; tomar medidas para garantir que os processos de recrutamento, desempenho e promoção sejam justos; trabalhar para ajudar os funcionários a equilibrar o trabalho e a vida em casa, como oferecer licença parental prolongada, condições de trabalho flexíveis e apoio à assistência infantil; e olhar com atenção os dados para entender onde as mulheres ficam presas, na estrutura da empresa. Todas essas ações são importantes para promover o tipo de cultura inclusiva em que as empresas prosperam, embora as prioridades possam diferir em diferentes geografias, dependendo do contexto sociocultural. [...] Os resultados dos oito países europeus que impõem quotas femininas a conselhos de administração são instrutivos. Atualmente, a representação dos membros da diretoria feminina varia entre 33 e 40%, em comparação com uma média de 17% nos países do G-20. Alguns observadores, no entanto, temem que as cotas promovam o tokenismo e, portanto, não construam a capacidade de liderança feminina. Outros passaram a ver as cotas como etapas transitórias desconfortáveis, mas necessárias. Barbara Dalibard, CEO da empresa de tecnologia SITA, nos disse que o progresso era inadequado: "Em alguns ambientes técnicos, as mulheres ainda enfrentam as mesmas dificuldades de 25 anos atrás. Quando eu era jovem, eu era totalmente contra as cotas; minha crença agora é que, se você não tem cotas, as coisas não mudam. A mudança na França está acontecendo em conselhos por causa da lei. Isso não está acontecendo nos comitês executivos, porque as cotas não se aplicam lá". Na ausência de cotas, o progresso repousa na medição da diversidade, divulgando os progressos realizados e responsabilizando as pessoas. As empresas com os melhores registros para representação feminina compartilham suas métricas com todos os funcionários, mas essa transparência é rara. Embora nosso estudo mais recente sobre mulheres no local de trabalho mostre que 85% das empresas acompanham a representação feminina em cada nível, menos da metade afirma que responsabilizam gerentes seniores por melhorar as métricas de gênero e menos ainda são ousados o suficiente para definir metas de qualquer descrição.[17]

De acordo com estudos do Banco Mundial as barreiras à inclusão econômica das mulheres vêm caindo nos últimos 50 anos em todo o mundo. Atualmente as leis que restringem a atividade econômica das mulheres são prevalecentes no Oriente Médio e Norte da África, África Subsaariana e Sul da Ásia, ou seja, em regiões de pouco desenvolvimento econômico e, consequentemente, de predomínio dos mecanismos menos

---

17. Cf. <https://cutt.ly/Pysu9H4>.

refinados de mais-valia absoluta. Vale pontuar que, aqui, o insultado "eurocentrismo" não pode ser invocado a fim de explicar a situação de intensa discriminação de gênero.

Na maioria dos países os salários das mulheres representam entre 70 e 90% do recebido pelos homens, com taxas ainda mais baixas em alguns países asiáticos e latino-americanos; segundo dados de 2011 sobre a economia global, coletados pela ONU Mulheres, 50,5% das mulheres que trabalham estão em empregos vulneráveis, muitas vezes sem proteção da legislação trabalhista, em comparação com 48,2% para os homens. As mulheres estão mais propensas do que os homens a estar em empregos vulneráveis na África do Norte (55% *versus* 32%), Oriente Médio (42% *versus* 27%) e África Subsaariana (quase 85% *versus* 70%).[18]

Um relatório do *Banco Mundial* indica que, entre 2012 e 2013, 44 economias fizeram alterações jurídicas visando aumentar as oportunidades das mulheres. Em Costa do Marfim e Mali, por exemplo, os maridos não podem mais impedir as mulheres de trabalhar, enquanto as Filipinas retiraram as restrições ao trabalho noturno e a República Eslovaca aumentou o percentual dos salários pagos durante a licença-maternidade. As economias do Leste Europeu e Ásia Central são as que têm mais profissões que não podem ser executadas por mulheres, nalguns casos devido a uma costumeira "vontade de proteção das mulheres", o que nem por isso deixa de significar menos postos de trabalho disponíveis para as mulheres, portanto, no limite, uma maior dificuldade de independência econômica face aos homens. Em 2012, na Federação Russa, por exemplo, as mulheres não podiam dirigir

---

18. Ver o relatório da ONU Mulheres "Economic empowerment of women", de 2012.

caminhões no setor agrícola, na Bielorrússia não podiam ser carpinteiras e no Cazaquistão não podiam ser soldadoras.[19] Uma notícia de 2018 nos informa a Rússia proíbe a atuação de mulheres em 456 funções consideradas muito difíceis, perigosas ou arriscadas, mas que estas restrições nem sempre funcionam na vida real, pois os empregadores contratam mulheres ao garantir condições seguras de trabalho e, nalguns casos, são as próprias candidatas às vagas que fazem esforços extraordinários para conseguir o emprego.[20]

Esses tipos de restrição são prejudiciais ao desenvolvimento capitalista, a começar pelo fato de que quando estas barreiras caírem haverá naturalmente uma ampliação da oferta de força de trabalho e, por conseguinte, uma redução dos níveis de salário. Quando os gestores não percebem por si mesmos estas vantagens relativas, as lutas sociais os pressionam a perceber e levam o capitalismo a se dinamizar.

O relatório da ONU Mulheres aponta que de 1960 a 2010 foram retiradas mais da metade das restrições aos direitos de propriedade das mulheres e sua capacidade para realizar transações nas 100 economias estudadas. Também foram notados avanços quanto à legislação a respeito das formas de violência contra as mulheres, como por exemplo, o assédio sexual e a violência doméstica. Atualmente, em 78% daquelas economias há ampla difusão das proibições contra o assédio sexual no local de trabalho.[21]

---

19. Cf. <*https://cutt.ly/Eysu3OM*>.

20. Cf. 3 russas que desafiaram as proibições de postos de trabalho para mulheres. <*https://cutt.ly/Vysu8zP*>.

21. Cf. <*https://cutt.ly/sysu4g9*>.

A pressão modernizante das lutas identitárias

As políticas de cotas e demais bandeiras inclusivas da política identitária minimizam a eficácia dos métodos de exploração da mais-valia absoluta, forçando os capitalistas a se modernizarem, a desenvolverem as forças produtivas e, assim, a recolocarem a exploração prioritariamente sobre as bases da mais-valia relativa, capacitando as empresas a atender às demandas identitárias sem que isso represente perdas na lucratividade, pelo contrário.

Além disso, ao conquistar a proteção legal do poder público, os agentes mais ativos das organizações pautadas em políticas identitárias e multiculturalistas adquirem o direito de se relacionarem com o capital sob novas *condições* de exploração, tanto de baixo para cima quanto de cima para baixo.

A política de cotas destina-se a inserir negros e mulheres na elite, portanto é uma política de promoção de novas elites, como o demonstra a experiência, que já vem de décadas, da política de cotas nos Estados Unidos. Aqui podemos atrelar o interesse material à ideia, hegemônica dentre os identitários, de que os negros e mulheres são vítimas seculares, e que por isso constituem "minorias" (quando numericamente são maiorias) aptas a serem ressarcidas com retroativos.

A pretensão dos identitários de se integrarem às elites se legitima ideologicamente por esta via, carregando consigo outro elemento bastante problemático: o *ressentimento*. Este se constitui enquanto ressentimento face ao racismo e ao machismo, portanto entendido não enquanto desejo de superar o capitalismo e sim como aspiração de ascensão social dentro do sistema. O objetivo central dos identitarismos é sempre o estabelecimento de ações afirmativas, em especial cotas (ou a versão militante das cotas, os "espaços exclusivos" e de "protagonismo" de sujeitos). Vale lembrar que não há pressão por cotas em cargos ou posições rebaixadas e mal remuneradas da escala econômica e política, por exemplo, para os cargos de gari, servente de pedreiro etc.

A política identitária pode ser identificada com o que João Bernardo chamou, em *Labirintos do fascismo*, de uma modalidade de fascismo pós-fascista, de caráter racista. Se observarmos de perto a política identitária veremos uma diluição do conceito de *exploração* em uma noção ambígua e difusa de *poder,* que abarca a tudo. Além disso, há a apologia da *vontade* em detrimento do determinismo (que é negado), o primado atribuído à política por sobre a economia e, por fim, a conversão de uma nação ou micronações e etnias em postulados ideológicos (2018: 1364). O identitarismo, ainda, relaciona-se com o cultural e o natural/biológico de modo oportunista, num hábil pêndulo tático que ora ressalta os aspectos históricos que conformam as opressões de raça e gênero, ora ressalta supostos elementos naturais delimitadores da posição do indivíduo como oprimido ou opressor. Esse pêndulo aparece de modo muito nítido quando as políticas identitárias são levadas ao extremo e vemos escrachos pautados em pré-julgamentos baseados apenas na visão da suposta vítima, quando as feministas identitárias buscam silenciar ou sobreporem-se, politicamente, às mulheres transgênero, pelo fato de terem pênis e nascido "dentro dos privilégios" de ser homem, quando seus adeptos afirmam os homens como "potencialmente estupradores", quando recriminam uma pessoa negra que se relaciona com pessoas brancas (os negros "palmiteiros"), quando estabelecem hierarquias políticas e de lugar de fala baseadas em níveis de melanina na pele, etc.

O identitarismo também tem uma relação ambígua com os mecanismos de mais-valia, pois enquanto *movimentos sociais* identitários – movimento feminista, movimento negro, movimento LGBTIQ+ – eles relacionam-se mais diretamente com a mais-valia absoluta e seus mecanismos de reserva de mercado de trabalho, postos de gerência etc. Já enquanto *instrumentos de pressão* sobre os grandes capitalistas estes movimentos podem ser considerados como parte da engrenagem propiciadora da mais-valia relativa, ou seja, do desenvolvimento econômico. Dada a importância gigantesca das pautas da "agenda da diversidade" (em especial o combate ao machismo, homofobia e racismo) podemos notar o quão trágica é a situação de se perceber semelhanças entre aspectos destes movimentos de esquerda identitária e o que de pior surgiu no campo ideológico-político da extrema direita. O importante para este tópico, contudo, é observar que as pautas identitárias, justamente por conta da legitimidade inquestionável e da necessidade urgente de respostas às opressões de gênero e raça, leva a uma resposta modernizante por parte do Estado e das empresas. Por operarem tal resposta, as empresas se reforçam política e economicamente, o que renova as elites e faz assentar em bases mais sólidas o domínio capitalista, pois a hegemonia se torna estável conforme se estreitam os laços políticos, ideológicos e econômicos entre patrões e trabalhadores. O antagonismo estrutural entre capital e trabalho dá lugar a um consenso tácito de que um *capitalismo colorido* garantidor de "oportunidades iguais" (asseguradas por meio de políticas públicas de fomento à diversidade) é bom para todos, cabendo a cada indivíduo inovar, ir à luta, empreender e conquistar seu lugar ao Sol (cargos de comando, posições de destaque e *status* etc).

Outro elemento importante para observarmos algumas das armadilhas da política identitária diz respeito ao fato de que a promoção de uma identidade automaticamente promove a identidade negada, num processo de reação. Não por acaso o principal alicerce ideológico do presidente Trump, nos EUA, é a noção de uma identidade branca. Lá, o identitarismo de direita é mais poderoso que os de esquerda, tendo força também o identitarismo cristão, especialmente evangélico, e também o identitarismo heterossexual. O mesmo fenômeno ocorre no Brasil, o que nos ajuda a entender a vitória eleitoral de Bolsonaro e o delineamento, cada vez mais nítido, de um confronto de identitarismos. Por serem igualmente identitários ambos os lados deste confronto são fascistas, portanto trata-se de um embate entre vertentes do fascismo pós-fascista. O fato de termos preferência por um lado ou outro não muda o caráter fascista do grupo ou da política: uma "epistemologia do sul" é tão fascista quanto a "física ariana".

Com a facilitação do acesso aos cargos de gestão as conquistas das lutas identitárias resultam na renovação das classes capitalistas e na progressiva eliminação das formas de discriminação enquanto fator de incremento da mais-valia absoluta. Ao mesmo tempo, esse processo garante a legitimidade do próprio sistema capitalista enquanto sistema em que todos, independentemente de raça, gênero ou o que for, têm oportunidade de ascensão social pela via do trabalho e direitos de cidadania: enquanto, na reportagem mencionada acima, o pai do futuro engenheiro cotista não acreditava na garantia de emprego da filha sequer depois dela obter o diploma, os filhos cotistas veem dentro do capitalismo um "futuro promissor", cientes de que "a gente quebrou um ciclo".

Assim, as lutas identitárias tensionam para que o capitalismo homogeneíze as formas de exploração independentemente de critérios de raça, gênero, etnia e sexualidade, e por isso são um dos meios pelos quais o capitalismo se autolegitima e se dinamiza, fortalecendo a capilaridade do poder de modo a encontrar novo ânimo de desenvolvimento econômico. O identitarismo exerce uma pressão modernizante.

Não é por acaso que o pastor ativista do movimento negro estadunidense, Jesse Jackson, localiza justamente no setor de maior dinamicidade em pesquisa e desenvolvimento tecnológico o alvo prioritário das lutas negras: "Diversificar esse setor é o próximo passo do movimento de direitos civis", disse em conferência no MIT, o *Instituto Tecnológico de Massachusetts*. No mesmo evento, o empresário Hank Williams demonstra sua capacidade de visão estratégica ao dizer sem rodeios que um argumento fundamental a favor da diversificação de gênero e etnia dos trabalhadores das empresas é o risco de estagnação econômica e de protestos populares: "É impossível excluir uma parte significativa da população do setor da economia que mais cresce no país e não compreender que, mais cedo ou mais tarde, isso resultará em protestos populares — ou coisa pior", arrematando que "não dá para tirar todas as oportunidades econômicas de uma população e esperar que ela não se revolte".[1]

---

1. Cf. <*https://cutt.ly/eysu7em*>.

Periferia empoderada

GEOPOLÍTICA

Vimos no começo deste livro que as empresas têm inovado nas formas de recrutamento dos gestores e do corpo "tecnocrático" que administra as empresas. Essas formas de recrutamento envolvem a assimilação estratégica de algumas das bandeiras identitárias por integração e melhores condições de vida. Atualmente, uma questão importante a ressaltar quanto às empresas transnacionais diz respeito ao fato de que essas empresas criam centros de *Pesquisa e Desenvolvimento* junto às filiais da companhia, o que repõe em outro patamar a questão do colonialismo, das antigas formas de imperialismo e da "periferia do sistema". Se a princípio esse processo ocorria tão somente quando havia necessidade de adaptação local de tecnologias vindas da sede, com o aprofundamento da transnacionalização ele passa a ser um elemento comum, que não apenas amplifica o espectro daquele processo, mas o muda em termos qualitativos, uma vez que agora as empresas filiais, localizadas nas periferias do sistema, criam centros de pesquisa e desenvolvimento que não se limitam a adaptar uma tecnologia desenvolvida na matriz e passam a consolidar plataformas de investigação científica voltadas para a *inovação,* no sentido schumpeteriano da "destruição criativa".[1]

---

1. Para estudos de caso com respeito à relação entre multiculturalismo e inovação ver, por exemplo, BOSETTI, V. et al., 2012. e PARROTTA, et al., 2012.

Se notarmos o impacto do ramo de *Pesquisa e Desenvolvimento* na geração de inovações que resultem em mercadorias com valor agregado perceberemos o quanto esse aspecto da transnacionalização do capital é importante e o quanto traz implicações no âmbito das antigas teorias anti-imperialistas. Não é à toa que as empresas transnacionais de sede brasileira se articularam com o Estado e, durante as incursões do imperialismo brasileiro em África, certificaram-se de empolgar a ideia de criação da CAPES-África, o que visa aprofundar o enraizamento cultural dos governos e empresas interessadas em investir na região (portanto interessadas em que seja desenvolvido conhecimento técnico e científico a ser convertido em elementos de desenvolvimento das forças produtivas).[2] À época, uma vertente do movimento negro brasileiro considerou a iniciativa uma bela forma do Brasil reatar suas "origens" africanas. Cabe notar, ainda, que se trata de programas institucionais, que persistem − ou tentam persistir − mesmo após o desmantelamento dos governos petistas e da forma como o Estado se articulava com as empresas imperialistas brasileiras.[3]

---

2. Cf. Presidente da Capes recebe homenagem e anuncia Capes África. <*https://cutt.ly/Sysu7XZ*>. De acordo com o presidente da Coordenação de Aperfeiçoamento de Pessoal de Nível Superior, (Capes) Jorge Guimarães, a Capes África atenderá 19 centros de pesquisa que serão montados pelo Banco Mundial em dez países africanos, entre eles Nigéria, Quênia e Moçambique. "Será um 'clone' da nossa Capes ou algo semelhante com o mesmo modelo", declarou em cerimônia de lançamento do projeto.

3. Ver, por exemplo, o "Programa de cooperação estratégica com o sul global COOPBRASS" <*https://www.capes.gov.br/cooperacao-internacional/multinacional/pve/programa-de-cooperacao-brasil-sul-sul-coopbrass*>; "CAPES e Moçambique estabelecem diálogo sobre fomento educacional" <*https://www.capes.gov.br/sala-de-imprensa/noticias/8913-capes-e-mocambique-estabelecem-dialogo-sobre-fomento-educacional*>.

Em julho de 2009 a *The Economist* informava que a *Petrobras* "está entre as petrolíferas com o crescimento mais acelerado do planeta e caminha para se tornar um polo mundial do setor", sendo que àquela altura extraía gás natural em Angola, Argentina, Bolívia, Colômbia, Equador, Peru, Venezuela e EUA. A *The Economist* de 24 de Maio de 2014 informava que a empresa *Vale* estava construindo uma ferrovia que ia de Moçambique até o Malawi. Em 05 de fevereiro do mesmo ano a presidente Dilma Rousseff inaugurou em Cuba o Porto de Mariel, um dos mais modernos do Caribe, construído pela *Odebrecht* com o aporte de R$ 682 milhões do BNDES (Banco Nacional de Desenvolvimento Econômico e Social). Mesmo frente a notícias como essas, que se tornaram frequentes na última década, a esquerda brasileira continua a identificar imperialismo com Estados Unidos, o que lhe permite ignorar a expansão imperialista do capitalismo brasileiro na América Latina e África.

Segundo dados de 2018 as empresas brasileiras estão presentes em 82 países, sendo que a grande maioria delas atua somente por meio de unidades próprias, em alguns casos atuam por meio de unidades próprias e franquias, e em poucos casos atuam apenas por meio de franquias. Como esperado, a América do Norte e América do Sul são as regiões com maior concentração de empresas transnacionais de sede brasileira, seguido de Europa, Ásia, África, América Central, Oriente Médio e Oceania.

PAÍSES COM MAIOR PRESENÇA DE EMPRESAS BRASILEIRAS

Posição	País	Núm. de empresas
1	Estados Unidos	45
2	Argentina	29
3	Chile	28
4	México	26
5	Colômbia	23
6	Paraguai	19
6	Uruguai	19
6	Peru	19
7	China	18
8	Reino Unido	17
9	Alemanha	15
10	Portugal	12
11	Índia	11
11	Bolívia	11
11	Emirados Árabes	11

Fonte: FDC 2018

Já com respeito ao continente africano vale pontuar que de acordo com o Ranking FDC de 2014, 12 empresas brasileiras presentes na África atuavam em Angola, que era o único país do continente a ter franquias brasileiras. A dispersão geográfica das multinacionais brasileiras é a seguinte: *América do Norte*: Canadá, Estados Unidos e México. *América Central e Caribe*: Antígua e Barbuda, Bahamas, Barbados, Bermudas, Costa Rica, Cuba, El Salvador, Guatemala, Honduras, Ilhas Cayman, Nicarágua, Panamá, Porto Rico, República Dominicana e Trinidad e Tobago. *América do Sul*: Argentina, Bolívia,

Chile, Colômbia, Equador, Paraguai, Peru, Uruguai, Venezuela. *África*: África do Sul, Angola, Argélia, Benin, Cabo Verde, Camarões, Congo, Egito, Gabão, Gana, Guiné, Guiné Equatorial, Líbia, Malaui, Marrocos, Moçambique, Namíbia, Nigéria, Quênia, Tanzânia, Tunísia, Zâmbia. *Europa*: Alemanha, Áustria, Bélgica, Dinamarca, Espanha, França, Holanda, Hungria, Irlanda, Itália, Luxemburgo, Polônia, Portugal, Reino Unido, Romênia, Suécia, Suíça, Turquia. *Ásia*: China, Coréia do Sul, Filipinas, Hong Kong (China), Índia, Indonésia, Japão, Malásia, Papua Nova Guiné, Rússia, Singapura, Tailândia, Taiwan. *Oriente Médio*: Arábia Saudita, Catar, Emirados Árabes Unidos, Irã, Israel, Kuwait, Líbano, Omã. *Oceania*: Austrália, Nova Caledônia. Empresas transnacionais com sede brasileira estão presentes, portanto, em todos os centros dinâmicos de produção capitalista do planeta, o que nos permite repensar a visão segundo a qual "o Brasil" ocupa uma posição subalterna na teia de relações imperialistas. Essa teia só pode ser adequadamente compreendida se o foco da análise residir na dinâmica expansionista das empresas, ancoradas em Estados, e não na lógica da disputa entre nações.

Em 2014 a FAPESP (Fundação de Amparo à Pesquisa de São Paulo) informou que pesquisadores da Universidade Estadual de Campinas (Unicamp – SP) estavam desenvolvendo, no âmbito do Programa FAPESP de Pesquisa em Bioenergia (BIOEN), o projeto GSB-Lacaf-Cana-I (*Bioenergy Contribution of Latin America & Caribbean and Africa to the Global Sustainable Bioenergy Project*). Trata-se de uma parceria entre a FAPESP e o Nepad (Nova Parceria para o Desenvolvimento da África). O projeto GSB é apoiado pelo *Oak Ridge National Lab*, dos Estados Unidos, e pelo consórcio público-privado holandês Be-BASIC, voltado para a criação de conhecimento e tecnologias para estimular a química industrial sustentável. O papel da FAPESP reside em analisar as possibilidades de produção de etanol de cana-de-açúcar na Colômbia, Guatemala, Moçambique e África do Sul, sendo que a meta é "incentivar o desenvolvimento sustentável dos biocombustíveis e analisar a possibilidade de substituir 25% da energia usada hoje no planeta por bioenergia".[4]

Também em 2014 vimos a saber que a consultoria de negócios *Bain & Company* e o escritório de advocacia Machado, Meyer, Sendacz e Opice Advogados concluíram um amplo estudo sobre o setor sucroalcooleiro no oeste da África. Esse estudo foi encomendado pelo BNDES e concluiu que existe na União Econômica e Monetária do Oeste Africano (Uemoa) um potencial para a produção de 950 mil toneladas de açúcar, o que poderia resultar em US$ 1 bilhão para a economia local, além da possibilidade de implantação de polos agroenergéticos capazes de produzir 600 mil metros cúbicos de etanol e 310 GW de energia elétrica, gerando US$ 437 milhões. O impacto do setor seria de algo em torno de 1% a 5% do PIB da região, formada por Senegal, Mali, Níger, Burkina Faso, Benin, Togo, Costa do Marfim e Guiné Bissau.[5]

Não constitui mera casualidade que um dos sites a veicular as notícias relativas ao avanço de empresas e agências de pesquisas brasileiras em continente africano se chame "Cultura ambiental nas escolas": os avanços no plano econômico só se tornam duráveis se houver um suporte ideológico que reafirme e legitime os tipos de atividade econômica empreendidos. Uma notícia de junho de 2014 nos informa que o ritmo de crescimento do comércio brasileiro com a Nigéria,

---

4. Cf. <*https://cutt.ly/Oysie44*> e <*https://bit.ly/3fdlV2U*>.
5. Cf. <*https://bit.ly/3lISgkx*>.

Gana, Senegal e África do Sul diminuiu, estagnou ou recuou entre 2010 e 2013, devido a restrições fiscais sobre produtos e a maior concorrência da China, contudo, nesse mesmo período "o comércio com Angola continua a melhorar, em virtude dos fortes laços culturais e da língua portuguesa". Ora, são estes laços fortes que garantem a capilaridade do poder das empresas, e é aqui que entra, com peso, a assimilação das pautas identitárias por parte das empresas mais modernas e dinâmicas.

A incorporação de mulheres, de negros e de nativos nas instituições voltadas para o P&D e nos espaços de comando (de baixo patamar) das empresas constitui uma faceta da estratégia de legitimação e reforço da empresa na região onde se está a investir. Já em 2003 a promoção da diversidade racial no setor privado foi objeto de estudo (cf. MYERS, 2003) onde se concluía que "apostar na diversidade, e especificamente na diversidade racial, é contribuir para uma sociedade mais justa e uma economia mais competitiva" e se "recomendava" às empresas "abraçarem o *valor*, tanto ético como econômico, da diversidade", passo a passo:

a. criar um comitê/conselho de diversidade,

b. realizar treinamentos internos e externos (com fornecedores),

c. iniciar um diálogo/criar parcerias com entidades do terceiro setor e com outras empresas sobre e para a promoção de diversidade,

d. buscar alinhamento entre ações externas e ações internas na promoção da diversidade,

e. mensurar o número de minorias no quadro de funcionários,

f. estabelecer metas específicas de longo prazo para aumentar a presença dessas minorias na empresa em todos os níveis,

g. oferecer incentivos financeiros aos gestores para cumprirem essas metas,

h. adotar ações afirmativas. (MYERS, 2003: 20)

Comentando as relações comerciais entre Brasil e Angola o gerente Dakalo Mboyi, do *Grupo Safmarine Container Lines* (especializada no transporte marítimo de cargas em contêineres entre a África, o Oriente Médio e a Índia), afirma que "O setor agrícola local é inexistente, por isto os produtos vindos do Brasil não são fáceis de substituir localmente. Levará um longo tempo até que Angola consiga desenvolver sua própria indústria agrícola e isto proporciona oportunidades para o nosso País oferecer mais produtos além do açúcar".

Segundo Dirk Van Hoomissen, diretor-gerente da *Safmarine* no Brasil, "a África representa uma nova fronteira de crescimento para o Brasil. Há oportunidades significativas para expandir, mas somente as maiores empresas do Brasil estão começando a enxergá-las, tais como explorar a proteína, as bebidas, maquinários ou o mercado de fertilizantes em todo o continente africano". O gestor aponta "oportunidades reais para o aumento de dois dígitos, mas eles dependem do forte comércio e dos laços culturais e políticos entre o Brasil e os principais mercados da África. Quando se trata de África, considera-se a Ásia e Europa como principais parceiros comerciais e não a América Latina".[6]

Entre 2003 e 2012 as exportações brasileiras para o mercado africano passaram de us$ 2,9 bilhões em 2003 para us$ 12,2 bilhões em 2012, portanto cresceram 327%. Os principais produtos exportados em 2012 foram o açúcar (33,3% do total), carnes (14,6%), cereais (12,9%), veículos e autopeças (5,4%), minérios (4,9%), máquinas e aparelhos mecânicos (4,8%) e aviões (2,2%), portanto se destacaram as vendas de produtos intensivos em tecnologia, como aeronaves da Embraer. Já quanto às importações, nos últimos dez anos o Brasil importou 334% mais da África, passando de us$ 3,291 bilhões em 2003 para us$ 14,265 bilhões em 2012. Na pauta importadora predominam os produtos naturais não renováveis, com destaque para o petróleo (61% do total) e gás e derivados, seguidos pelos adubos e fertilizantes, cacau e ferro fundido.[7]

Uma notícia de fevereiro de 2013 nos informa que a fabricante americana de máquinas agrícolas AGCO inaugurou em 2012 a primeira *fazenda-modelo* na Zâmbia, com o objetivo de incentivar a mecanização no continente. A empresa instalou na Argélia, em 2013, uma planta de produção de tratores da marca *Massey Ferguson*, em parceria com o governo local e já aventando a possibilidade de expansão das fazendas-modelo para Moçambique, Nigéria, Senegal e Etiópia, em parceria com governos e empresas. A empresa avalia que o continente africano carece de assistência técnica e funcionários preparados para operar suas máquinas, que muitas vezes fi-

---

6. Cf. <https://bit.ly/3f9tZlo>
7. Cf. <https://bit.ly/36PIqXU>.

cam "encostadas" por falta de peças e de manutenção adequada, mas que a própria presença da empresa em território africano mostra que há uma expectativa de crescimento do mercado local. "De repente, daqui a dez anos aumenta o mercado, como [aconteceu] no Brasil", disse André Carioba, vice-presidente sênior da AGCO para a América do Sul. Ora vejam a amplitude estratégica da operação, que visa "de repente" ter lucratividade ampliada daqui a 10 anos e, por isso, mantém sua "presença" na região.[8]

Trata-se de gestores competentes, que mantém os olhos voltados para o longo prazo e, por isso, não deixam passar as oportunidades de lucro inerentes à adoção da agenda de diversidade em suas mais variadas formas, como vimos ao longo deste livrinho.

POPULAÇÕES

Além do sentido geopolítico e de divisão internacional do trabalho a relação de empoderamento da "periferia" tem ainda um segundo sentido, relacionado às próprias populações que residem nas periferias das grandes cidades. Também neste segundo sentido a política identitária atua, contribuindo com o sucesso da função estatal (feita em parceria estreita com as empresas enquanto aparelhos de poder) de administração lucrativa das crises econômicas.

O economista belga Ernst Mandel caracteriza a função estatal de administrar as crises do capital da seguinte forma:

---

8. Cf. <*https://bit.ly/36TUE1Y*>.

Economicamente falando, essa "administração das crises" inclui todo o arsenal das políticas governamentais anticíclicas, cujo objetivo é evitar, ou pelo menos adiar tanto quanto possível, o retorno de quedas bruscas e catastróficas como a de 1929/1932.

Socialmente falando, ela envolve esforço permanente para impedir a crise cada vez mais grave das relações de produção capitalistas por meio de um ataque sistemático à consciência de classe do proletariado. (1982: 341)

O pensador belga pontua ainda os aspectos político-ideológicos dessa função econômica direta desempenhada cada vez mais pelo Estado capitalista: afirma que a *vasta maquinaria de manipulação ideológica* voltada para a "integração" do trabalhador à sociedade capitalista enquanto consumidor, "parceiro social" ou "cidadão" está intimamente relacionada à função econômica estatal de administração das crises do capital. Na função de administrador das crises pode-se ver claramente o caráter de *todo orgânico* das funções estatais (função coercitiva, função integrativa, função de garantir as condições gerais de produção e função de administrar as crises) e quanto a este aspecto de totalidade do processo vale citar o exemplo das Unidades de Polícia Pacificadora implantadas nos territórios cariocas.

As UPPS brasileiras são um óbvio exemplo de atuação repressiva do Estado, uma vez que promovem uma regulação armada de territórios considerados estratégicos para a realização de um *modelo empresarial de cidade*, ou seja, são impulsionadas por fatores diretamente econômicos, tanto em sentido amplo e de larga escala temporal, quanto no que diz respeito ao curto prazo: a garantia de realização dos megaeventos na cidade do Rio de Janeiro e de todas as obras e mudanças urbanas aí implicadas. Desse modo, as UPPS intercalam modalidades estatais de intervenção urbana e de segurança pública num contexto de queda nos índices de crescimento econômico e, no limite, crise capitalista.

Nesse percurso há uma crescente tendência de redução da política a "política de segurança", onde há um "agigantamento do aparato estatal vigilante, coercitivo e repressivo", de modo que outras áreas importantes da atuação do poder público passam a ser perpassadas pelo vetor de "segurança". A escassa presença "social" do Estado convive com a disseminação de um modelo de cidadania mediado pelo consumo, com o "requentamento e o requintamento" da ideologia neoliberal da livre iniciativa, do empreendedorismo empresarial e do "empresariamento de si mesmo", tudo isso somado às "doses cavalares de onguismo", que vemos nas periferias das grandes cidades. (cf. BRITO & OLIVEIRA, 2013)

Nas periferias brasileiras um dos resultados mais expressivos do identitarismo é o elogio à "identidade periférica" ou "identidade do favelado". A fim de ilustrar o modo como a política identitária se associa à ideologia neoliberal do empreendedorismo de si mesmo, se entranhando nas periferias das grandes cidades, vamos partir de alguns exemplos emblemáticos, dados por Lívia de Tommasi (2013).

O primeiro deles é o caso de Eleilson Leite. Formado na Escola da Pastoral da Juventude e do Movimento dos Sem Terra, Eleilson tornou-se diretor de uma ONG paulista que desde 2007 produz a *Agenda Cultural da Periferia*, promovendo e divulgando eventos culturais que acontecem nas periferias da cidade. O guia tem periodicidade mensal e tiragem de 10 mil exemplares, que são distribuídos em bares, escolas, casas de cultura, mercados, lanchonetes, feiras etc., e conta com um programa semanal na Rádio Heliópolis. Segundo Eleilson é por meio da música, literatura, cinema, teatro, dança e de outras linguagens artísticas que o povo pobre dos fundões da metrópole vem dando um novo significado à expressão periferia. Uma denominação que até os anos 80 designava genericamente o amontoado de precárias residências que ocupam as franjas das grandes cidades. Hoje, a cultura de periferia vem na contramão da história, desmontando os estigmas e os estereótipos que pesam sobre os arrabaldes. Nos becos e vielas do subúrbio pulsa uma arte original, criativa e vibrante. [...] A cultura na periferia surge como elemento aglutinador da comunidade. [...] E a comunidade, diferente do movimento de tipo reivindicatório, se expressa em função do que tem e não por aquilo de que carece. Sendo assim sua manifestação tem um potencial mobilizador de grande intensidade. A cultura gera movimentação social, desperta consciências, embrenha processos políticos, promove transformações. [...] Na periferia, sem arte não há transformação. E para transformar há que se produzir uma cultura própria, porque a "arte que liberta não pode vir da mão que escraviza", como disse o poeta Sérgio Vaz no brilhante manifesto da Semana de Arte Moderna da Periferia, evento emblemático realizado em novembro de 2007 em São Paulo. (E. Leite, Boletim Juventude em Cena, Ação Educativa, 2008).

A *Agenda Cultural da Periferia* está organizada em cinco sessões: literatura, Hip Hop, cinema e vídeo, samba, teatro, além de reservar espaço para a divulgação de "manifestações periféricas" que acontecem no centro de São Paulo. A literatura ocupa lugar de destaque, com uma influência importante da cultura Hip Hop. Enquanto a hegemonia musical passou do Rap para o Funk, e o grafite se tornou a linguagem artística "oficial" da periferia, tendo inclusive "conquistado" (será uma conquista ou uma assimilação capitalista?) espaços em museus e exposições, a literatura e a poesia produzida nas periferias paulistas se tornou um novo produto dos rappers, que a converteram numa espécie de produto artístico autônomo em relação à música.

A capitalização da cultura periférica não apareceu de fora para dentro e sim a partir de dentro, brotando no solo fertilizado pela racionalidade neoliberal do empresariamento de si mesmo. A periferia não esperou que os produtores culturais do "centro" valorizassem suas produções: os artistas periféricos viraram produtores de si mesmos, produzindo e vendendo seus próprios livros, organizando saraus e outros eventos para difundir suas obras. Aqui o empreendedorismo de si mesmo encontra o identitarismo, numa confluência ideológica e política assombrosa.

Lívia de Tommasi explica que os produtores periféricos também "criam empreendimentos que produzem riqueza, material e simbólica, para e na periferia" e cita outros exemplos: Ferréz criou uma empresa e abriu duas lojas que vendem os produtos de sua grife (a *1DaSul*); Allan de Rosa (que fez mestrado em educação na USP) fundou a editora "*Edições Toró*" e uma ONG para viabilizar a realização de cursos de formação sobre a temática indígena e racial e de criação literária. Sérgio Vaz, Binho e muitos outros animam espaços culturais na periferia e mantêm site ou blog na internet para divulgar suas obras e suas opiniões (TOMMASI, 2013: 16).

Lívia explica que essas iniciativas artísticas e culturais representam também um meio de sobrevivência de grupos sociais subalternos que geralmente têm acesso a postos de trabalho caracterizados pela baixa qualificação, remuneração e gratificação pessoal. "Assim, a dimensão econômica dessas iniciativas se entrelaça com a dimensão política" (ibid: 17). Para ilustrar a consciência do processo, Lívia cita Sérgio Vaz: "O único espaço público que tem na favela é o bar. Você imaginou que a gente ia se acabar tomando cachaça? E a gente transformou os bares em centros culturais". Essas iniciativas ganham fôlego ao fornecer aos moradores espaços legítimos de manifestação de ideias etc., ou seja, espaços de garantia do direito à expressão, em uma sociabilidade que os têm silenciado desde sempre.

Embora o processo de empoderamento, como um todo, resulte na mercadorização da cultura "da periferia", muitas vezes as iniciativas se apresentam como sendo "de resistência", ou seja, voltadas para a contestação da mercadorização da cultura, o que constitui um paradoxo: as rodas de samba, por exemplo, tal como o *Samba da Vela* em Santo Amaro, "representam uma forma de voltar a valorizar o samba de raiz e escapar, dessa forma, das amarras artísticas, políticas e mercadológicas das escolas de samba. Nesse âmbito é significativa a valorização da cultura negra e indígena brasileira." (ibid: 18). Esse exemplo também é conhecido no Rio de Janeiro, onde se tornou prática costumeira, nos últimos anos, a realização de Rodas se samba sem divulgação além da "boca miúda", o que visa não só garantir que estarão presentes apenas "amigos" e a comunidade do bairro, como ainda se preservar da assimilação capitalista dessas manifestações culturais. Aqui o identitarismo assume feições microrregionais e bairristas, garantindo o status de sujeitos e grupos culturais locais que não conseguiram (ou mesmo não quiseram) alavancar a carreira para além do âmbito do bairro.

Lívia de Tommasi comenta que o compromisso político de Eleilson o leva a se esforçar pela organização de um movimento cultural da periferia. Entretanto o próprio empreendedor cultural observa as dificuldades da empreitada: os diferentes segmentos periféricos se assemelhariam mais a "tribos" onde "os integrantes de uma dificilmente se misturam e dialogam com os da outra, ou realizam projetos em conjunto".

A questão não é meramente "antropológica": no momento em que concorrem para os editais e financiamentos, públicos e privados, todos, inevitavelmente, competem pelo acesso a recursos. (ibid: 18) Chegamos então num ponto-chave da questão: os recursos. Um fator que contribuiu para produzir a efervescência cultural da periferia paulista foi o VAI (Programa de Valorização das Iniciativas Culturais), um fundo de apoio instituído por uma lei municipal criada durante o governo petista de Marta Suplicy e ampliado durante os governos Serra e Kassab. Lívia salienta que os projetos que o VAI financia nas periferias "são em número muito reduzido, em comparação com os financiados nas regiões ricas da cidade" (ibid.: 19).

O sucesso das iniciativas empresariais das periferias está erradicado na confluência funcional entre neoliberalismo e identitarismo, o que significa que esse processo assenta no âmbito mesmo da função estatal geral de apassivamento das classes trabalhadoras. Por esse motivo a confluência, na medida em que se põe de um lado como rebeldia e "direito a voz" dos "excluídos do sistema", é na verdade uma confluência perversa, uma trágica assimilação capitalista dos produtos culturais da classe trabalhadora que, submersa na racionalidade empreendedora, se esforça por converter em mercadoria suas expressões culturais "periféricas" originalmente concebidas como expressão antagônica justamente à sociedade da mercadoria.

Uma vez que se mostra lucrativo, o processo passa a ser incentivado pelo Estado e empresas. Como disse o secretário de segurança pública[9] do RJ:

Há que existir um tsunami de ações sociais. Essa guerra ela só será vencida se os outros projetos forem comigo, e boto aí uma dose grande na iniciativa privada. Que a iniciativa privadas ela não pode mais ver o Dona Marta e o Cidade de Deus como a Favela Dona Marta e a Favela Cidade de Deus.

Muitas vezes essa atuação estatal e empresarial se dá sob a roupagem de ONGs, e o resultado final do processo tem sido a assimilação, por parte dos trabalhadores, da ideologia identitária e da racionalidade neoliberal, as quais ganham expressividade no próprio âmbito da classe. Isso tem implicações seríssimas para as lutas sociais na medida em que a política identitária amplia as cisões entre os trabalhadores, ancorados em matrizes de raça, gênero, sexualidade, cultura e, neste caso, local de moradia (identidade territorial).

A cisão no próprio bojo das organizações da extrema esquerda, por exemplo, entre quem tem direito de fala e quem não tem, dentro das próprias fileiras da classe trabalhadora, se apresenta inicialmente como rebeldia contra o silenciamento histórico das opressões de gênero, raça e sexualidade, mas termina pela neutralização de todo e qualquer militante que não se encaixe no padrão biologizante de "sujeito periférico historicamente oprimido" ou que, partindo de um "lugar de fala opressor" (por exemplo, se for homem, branco e heterossexual) ouse discordar das ideias ou da estratégia política sendo posta em prática. Para estes é reservada a posição

---

9. Beltrame em *Polícia e Comunidade* Canal Multi Show, 2009. Disponível em: <*https://www.youtube.com/watch?v=s9EVS0A0xQ0&feature=relmfu*>.

de apoiador da luta, repondo na relação entre protagonista e apoiador da luta identitária uma modalidade mais desenvolvida da nefasta polaridade entre base militante e direção, que historicamente impregnou as lutas classistas.

"Ser" e "estar" na periferia é argumento sempre colocado para legitimar a fala. Expressões como "nasci e cresci na comunidade tal", proferidas no começo de uma fala pública, colocam naturalmente um divisor de águas entre os presentes. Como disse Allan de Rosa no seminário supracitado: "Cep é vivência". Dessa forma, esses artistas se contrapõem a toda uma herança histórica de desapropriação da fala, a quem continua a falar "em nome de" mesmo ocupando um outro lugar social e geográfico. As falas que, no seminário, colocavam a ideia de superação e de fronteiras borradas entre centro e periferia, alguns participantes (especificamente entre o público) responderam convidando os presentes a ir pegar um ônibus lotado, pela manhã cedo, para constatar que ainda há, e bem evidente, segregação e desigualdades nas condições de vida dos moradores da cidade. "A gente não reside, resiste", disse o GOG no seminário. (TOMMASI, 2013: 19)

O que se apresenta como legítimo e progressista termina por servir aos interesses políticos e econômicos da ordem, revigorando e gerando lucros para a indústria da cultura. Já que o produto "periférico" "traz em si as marcas fortes da identidade territorial, reivindicada e positivada por essa produção, a venda do produto implica valorização do lugar", e é por isso que setores do governo e empresariado patrocinam a valorização da periferia como "lugar onde se produz cultura, e não somente violência e marginalidade". Lívia comenta que há um número significativo de produtores culturais e jornalistas egressos das escolas da elite (como por exemplo, a FGV) dispostos a investir na difusão dessas manifestações, e cita como exemplo o site *"DoLadoDeCá"* da jornalista Tati Ivanovici.[10] A confluência de movimentos e o crescente interesse do mercado da arte pelo produto "favela" ou "periferia", não ocorre por acaso:

A produção do quadro "Central da Periferia" no programa Fantástico da Rede Globo, em 2006, por Regina Casé e o antropólogo Hermano Vianna; a organização da exposição "Estética da Periferia – inclusão cultural e cidadania" em 2005 pelo produtor Gringo Cardia e a escritora e professora Heloisa Buarque de Holanda; a realização do Festival Visões Periféricas – Audiovisual, Educação e Tecnologia (que em 2012 realizou a 6ª edição); a recente organização da exposição "O Design da Favela" no Centro Carioca de Design na Praça Tiradentes, são exemplos significativos desse interesse. As falas de Gringo Cardia no seminário de São Paulo não deixaram dúvida sobre o valor mercadológico dessa operação: "Tira uma peça do camelódromo, tira pela excelência, coloca aquilo isolado numa sala e você passa a ver o que, de outra forma, ficaria invisível." (ibid: 21)

E damos mais uma volta no parafuso do identitarismo se observarmos que o movimento de mercadorização da "cultura periférica" ganhou corpo depois das instalações das Unidades de Polícia Pacificadora (UPP) nas favelas cariocas, a partir de 2008.

Foi a partir da implantação das UPPS em 2008 que as confluências de interesses entre Estado, empresas e indivíduos foram canalizadas num objetivo de lucro e apassivamento assentado na capacidade criativa das populações faveladas, um movimento irresistível, em especial se pensarmos a ausência de oportunidades e o estigma que sempre pesou sobre os moradores das favelas, em especial sobre a população negra.

---

10. Cf. <*www.doladodeca.com.br*>.

Acostumados à criminalização, como poderiam os favelados recusar o leque de oportunidades políticas e econômicas desse processo? "Favela é potência" diz o produtor cultural Marco Faustini, criador da "Agência de Redes para a Juventude", um programa social que estimula jovens das "comunidades pacificadas" a realizar empreendimentos socioculturais (VELAZCO, 2012). Como pondera Livia de Tommasi: "mais um exemplo da instrumentalização da cultura para resolver problemas sociais". (ibid: 21).

Ao comandar, desde a formação dos policiais das UPPS, até os mecanismos de financiamento, o poder público, em associação com as empresas, controla todo o processo, incentivando a proliferação de identitarismos atrelados à expressão criativa de produtos artísticos e culturais ao mesmo tempo em que barram as iniciativas potencialmente antissistêmicas e dão vazão às mais lucrativas.

O teor e a quantidade das informações que circulam na mídia, e em particular na mídia eletrônica, não deixam dúvida: no Rio foi inventado um produto, a favela pacificada, lugar de criatividade, inovação, produção artísticas das "pessoas do bem", para se contrapor à imagem de perigo, violência e marginalidade que durante muito tempo foi divulgada na mídia. Projetos, programas, empreendimentos turísticos visam vender "o encanto das favelas" (nome de um concurso de fotografia organizado pela ONG Viva Rio, no âmbito do programa "Viva Favela"). [...] Paralelo a isso, há iniciativas mais antigas, como o movimento cineclubista, os grupos de rock independentes da baixada fluminense e os anarco-punk das ocupações. Há uma miríade de grupos e indivíduos que fazem arte, música, poesia, teatro, vídeo, promovem iniciativas de forma independente, dentro e fora das favelas. Alguns mais, outros menos, tentam dialogar com o poder público, procurando encontrar algum financiamento. Hoje tanto o Ministério da Cultura como as secretarias estaduais e municipais de cultura ampliaram bastante a oferta de editais. Mas, como lembram meus interlocutores, os editais, com suas regras, colocam um filtro: para concorrer é preciso saber que existem e é preciso estar preparado, regularizado, dominar as técnicas, os códigos e as regras de conduta. (TOMMASI, 2013: 22)

Apoiadas no identitarismo do sujeito periférico, negro, mulher da favela etc. as chamadas "culturas de periferia" estão sendo valorizadas, no Rio de Janeiro, como parte da produção de um novo regime discursivo que visa promover o "encontro" da favela com o asfalto[11], proporcionando uma cidade "pacificada" e em vias de ser "integrada", a suposta superação da "cidade partida", premissas sobre as quais se apoia a proposta do programa UPP Social.

A referência direta é a ideia de "cidade partida" do jornalista Zuenir Ventura: graças à ocupação policial e à "libertação" dos territórios retirados do poder do "tráfico", a separação pode ser agora superada por meio de dispositivos de promoção da "integração" e do "encontro". Nessa operação, as práticas discursivas sobre a cidade são reconfiguradas. A difusão de imagens positivas na mídia, sobretudo na digital, espaço privilegiado para a divulgação dos projetos de ONGs e governos, nomeiam a favela não mais como lugar do tráfico, da violência, do perigo, do medo e sim, como lugar da solidariedade, da riqueza cultural, artística e estética, num discurso que exalta a capacidade empreendedora e criativa da população local. Como exemplo, podemos citar o concurso fotográfico "Encantos da

---

11. Dois exemplos sintomáticos das manobras: o "Museu do Encontro", uma proposta do antropólogo Hermano Viana, da artista Regina Casé e do produtor cultural Gringo Cardia, para "celebrar o encontro" entre a favela e o asfalto. Cf. <*http://riodeencontros.wordpress.com/2010/10/28/ummuseu-para-celebrar-o-encontro*>. E um monumento, colocado no Largo da Carioca em 2010, por ocasião do "dia da favela" (4 de novembro) e que vinha com os dizeres "Favela" e "Rio", entremeados por um enorme coração.

favela", promovido pelo portal Viva Favela, um projeto da ONG Viva Rio. Artistas, intelectuais, curadores e promotores turísticos estão ajudando a construir e promover um produto, a favela pacificada, lugar de criatividade, inovação e produção artísticas das "pessoas do bem"; lugar, inclusive, onde é possível fazer turismo e desfrutar das lindas vistas sobre a "cidade maravilhosa" que oferecem as favelas situadas na Zona Sul da cidade. (TOMMASI & VELAZCO, 2013: 20)

Apassivamento da classe e, de brinde, lucros extras de onde não se esperava. Não por acaso as gestões petistas, assentadas na propalada "participação", que caracterizou a estratégia democrático-popular, foram aquelas que melhor se adaptaram a todo o processo decorrente desse modelo de gestão da cidade e das contradições urbanas, intensificando o diálogo com a periferia e levando muitos artistas e produtores da "cena independente" a assumiram cargos públicos.

Tratando da particularidade pernambucana, Lívia comenta que lá a articulação dos artistas periféricos locais não se concretizou "pela falta de recursos e capacidade de organização", e finaliza: "faltaram, provavelmente, empreendedores culturais periféricos como os que animam a cena paulista". No caso de Recife ao que parece predomina uma clivagem de classe onde os coletivos que ocupam a cena da produção musical são formados por jovens universitários de classe média que divulgam, nos festivais independentes que organizam, produtos produzidos por eles mesmos, dificultando que bandas da periferia ultrapassem o cerco e conquistem espaço no mercado (ibid: 24). Tal como noutros casos, aqui a política identitária serve a propósitos de reserva de mercado. Numa plataforma identitária intimamente articulada com a mercadorização da cultura, é feita a crítica de que haveria a imposição de um padrão estético dominante:

é aquele esquema das artes visuais, das artes plásticas, das artes contemporâneas: você primeiro precisa ter um curador para dizer para você e para todo mundo que aquele trabalho que você faz é de boa qualidade, é um trabalho expressivo que merece ser respeitado como expressão artística de verdade. Mas a questão é: quem são os curadores? Os curadores são os caras que vêm da classe média, naturalmente, por quê? São os caras que estudaram. [...] hoje o grafite precisa ser respeitado como arte e para isso no discurso deles tinha que estar na galeria, tinha que ser vendido caro. [...] tem um discurso que valoriza contanto que seja aquele cara que eu tire daquele contexto lá e diga "olhe que coisa, esse é um representante daquilo e por ser representante ele é o melhor". O cara que é o melhor é o cara que se destaca porque faz um trabalho que consegue agradar, ou estar dentro de um padrão que já está estabelecido, então tudo que for fora daquilo não vai ser tirado como destaque. (João Lin, apud: TOMMASI, 2013: 26)

Como se vê, a questão de classe não aparece enquanto questionamento à inserção na lógica capitalista, e sim enquanto desigualdade de oportunidades na corrida pelo reconhecimento e ascensão artística etc., além de acesso às verbas dos financiamentos em editais estatais. No limite, a crítica incide na desigualdade de acesso ao mercado consumidor da arte produzida na periferia, ou seja, ainda se trata de galgar a escada do empreendedorismo de si mesmo, onde a "vitória" coincide com o enriquecimento "pela via de sua própria arte e trabalho". Nessa chave, qualquer potencialidade antissistêmica fica de antemão obstruída. Ainda assim, por seu próprio caráter e *habitat*, o processo não deixa de carregar em si contradições:

O "fazer por nós mesmos" em vez de esperar que o poder público supre a falta de equipamentos e de serviços culturais que caracterizam os bairros de periferia; a ideia de resgate, a valorização da identidade territorial periférica; a afirmação da autonomia, que se expressa também, às vezes, na recusa a se submeter à normatização implícita nos editais, a denúncia das condições precárias dos serviços públicos da região, o tema do desemprego sempre presente, do trabalho precário, da exploração, são conteúdos importantes da produção cultural periférica paulista. Expressões como "o mundo é diferente da ponte para cá" (a ponte é a que cruza a marginal, na zona sul da cidade), ou "periferia é periferia em qualquer lugar", extraídas das letras dos Racionais Mc's, são paradigmáticas dessa postura política. Afirmar com orgulho de "ser da periferia" é uma experiência inédita. Nesse sentido, ser ou não da periferia é um dado fundamental que legitima a fala. Questão central para os chamados "novos movimentos sociais", a questão identitária (no caso, territorial) deve ser interrogada e não naturalizada, ou colocada simplesmente como uma conquista que supera a (supostamente velha) questão de classe. (TOMMASI, 2013: 27)

Além da ideologia e políticas identitárias e de todo o arcabouço estatal e empresarial voltado ao estrangulamento das potencialidades subversivas e antissistêmicas do processo, temos ainda a questão da presença das Igrejas, forjando a identidade do "crente", restringindo a consciência de classe e levando as indagações para o plano individual, afinado com a racionalidade neoliberal. E temos, como já mencionado, a presença fragmentadora da ideologia identitária e suas implicações nefastas para a unidade da classe trabalhadora. "O *acionamento identitário* dos artistas periféricos paulistas opera uma afirmação política, enquanto reivindicação do pertencimento territorial a uma periferia simbolicamente unificada como alteridade, contraposta ao centro dominante", e por essa via "apela para o reconhecimento político de uma alteridade positivada", representando-se como um "ato de resistência".

Quando esse acionamento identitário vira produto de mercado e é capturado pelo discurso oficial, como no contexto da celebração do talento artístico dos moradores das favelas (que seriam "naturalmente criativos") operada pelo discurso que projeta a imagem de uma cidade supostamente "integrada", vêm à tona seus limites políticos. Limites que, me parecem, dizem respeito à chamada "política de identidade" (FRASER, 2007). (ibid: 28)

É através do acionamento identitário que tem se dado a disputa por um lugar no mercado e pelas verbas dos editais. A inclusão social pelo mercado da arte ocorre por meio da expressão da alteridade, territorial e política. Nesse sentido os artistas periféricos convertem sua localização periférica em valor agregado de suas mercadorias, o que é aceito e estimulado por um mercado sedento de "inovações", mesmo quando tal se transveste de "descoberta-afirmação" de um "lado bom da periferia".

Se a produção cultural periférica sempre existiu, o que provocou essa recente explosão de visibilidade? Como bem coloca Lívia, "foi a capacidade de seus protagonistas, ou também uma conjuntura política favorável?" e como se perguntou Renildo Oliveira, do *Movimento Cultural d@s Guaianás*, *Cine Campinho* e *Arte Maloqueira da Zona Leste*: "Foi conquista ou concessão?".

Lívia afirma que no caso do Rio de Janeiro essa visibilidade serve a interesses políticos mais ou menos claros, como parte da venda da "cidade maravilhosa", agora finalmente "pacificada" para acolher os grandes eventos esportivos mundiais (e os interesses econômicos que movimentam) (ibid: 29). E com o ganho de expressividade da "cultura de periferia" convertida em mercadoria temos a transformação social convertida em projeção e afirmação pessoal, tudo conforme aos interesses capitalistas e à correspondente racionalidade neo-liberal. O processo é percebido por alguns, que aos poucos vão questionando a lógica do jogo:

A inserção no mercado, a relação com os governos e as fontes de financiamento são questões sempre abertas e presentes nos debates entre os artistas periféricos. Como vender sem fazer desaparecer o conflito, a carga de ruptura, a crítica à ordem vigente? Como negociar com políticos e empresários sem virar palanque eleitoral dos poderosos? [...] Dessa forma, os moradores das periferias afirmam seu direito a fazer arte, sair da invisibilidade e da criminalização e se afirmar enquanto produtores de arte. A postura política se expressa no conteúdo veiculado nas letras, na vontade de se expressar e falar da própria condição de vida. Para alguns, sobretudo os mais jovens, é também a expressão da vontade de fugir ao destino: nem bandido nem mão de obra barata, e sim artistas. (ibid: 30 e 31)

O problema é que a crise da esquerda e de seus órgãos de luta tem colaborado para que as tentativas de saída da armadilha sejam modeladas dentro da lógica fragmentária do identitarismo, o que afasta a perspectiva da luta em unidade classista. Como explica Nancy Fraser, o modelo da identidade é profundamente problemático:

Entendendo o não reconhecimento como um dano à identidade, ele enfatiza a estrutura psíquica em detrimento das instituições sociais e da interação social. Assim, ele arrisca substituir a mudança social por formas intrusas de engenharia da consciência. O modelo agrava esses riscos, ao posicionar a identidade de grupo como o objeto do reconhecimento. Enfatizando a elaboração e a manifestação de uma identidade coletiva autêntica, autoafirmativa e autopoiética, ele submete os membros individuais a uma pressão moral a fim de se conformarem à cultura do grupo. Muitas vezes, o resultado é a imposição de uma identidade de grupo singular e drasticamente simplificada que nega a complexidade das vidas dos indivíduos, a multiplicidade de suas identificações e as interseções de suas várias filiações. Além disso, o modelo reifica a cultura. Ignorando as interações transculturais, ele trata as culturas como profundamente definidas, separadas e não interativas, como se fosse óbvio onde uma termina e a outra começa. Como resultado, ele tende a promover o separatismo e a enclausurar os grupos ao invés de fomentar interações entre eles. Ademais, ao negar a heterogeneidade interna, o modelo de identidade obscurece as disputas, dentro dos grupos sociais, por autoridade para representá-los, assim como por poder. Consequentemente, isso encobre o poder das facções dominantes e reforça a dominação interna. Então, em geral, o modelo da identidade aproxima-se muito facilmente de formas repressivas de comunitarismo. (FRASER, 2007: 106–107).

Temos então a problemática política de identidade imbuída nas resistências das periferias brasileiras, enquanto os mecanismos de poder se articulam organicamente de modo a que a arte e a cultura sejam instrumentalizadas para a gestão das populações periféricas. Essa gestão é arquitetada a partir da própria mercadorização das resistências sociais operadas por meio de empreendimentos culturais criados pela população que vive nas periferias ou que, por diversos motivos, se identifica e fala em nome da favela.

Trata-se de uma faceta bastante complexa da atuação estatal com vistas à administração das crises do capital, sintetizada por Maria Célia Paoli quando a pesquisadora afirma que a lógica gestionária inerente ao modelo neoliberal substituiu a *política* pela *gestão técnica de territórios e populações*. A pesquisadora explica que a gestão técnica das necessidades atua segundo o esquema "problemas – diagnósticos – soluções – intervenções localizadas" destruindo a política como expressão de conflitos. "A racionalidade técnica que se sobrepõe à política visa tornar inoperantes as manifestações de contestação". Trata-se de um modo de gestão da vida social que opera por meio da fusão do Estado policial com o Estado gestor. (PAOLI, 2007: 243).

Outros elementos da implantação das UPPS são mais facilmente reconhecíveis em seus vínculos com a atuação estatal visando a ampliação dos lucros das empresas, a começar pelo próprio apassivamento e controle territorial com vistas à legalização de serviços a serem adequadamente cobrados (internet, gás, luz, abertura de bancos e de outras empresas etc). Nesse amplo e complexo processo social um elemento identitário ainda transparece enquanto fator importante para o sucesso da empreitada. Pense-se, por exemplo, no caso da favela Dona Marta, no bairro de Botafogo. Depois de receber a primeira UPP, alegadamente enquanto uma administração armada voltada à "pacificação" de um território "dominado pelo tráfico" etc., a empresa de luz *Light* viu-se em condições de cortar as ligações irregulares de energia elétrica, os "gatos", e 98% das residências foram ligadas à rede oficial de consumidores, que passaram a "poder pagar", ou melhor, a "dever pagar" as contas de luz à *Light*. Não foram poucos os moradores que ficaram felizes por poder se apresentar como "cidadãos honestos" que pagam pela energia elétrica e pela TV a cabo que consomem, o que, em seus imaginários, requalifica e reafirma positivamente suas identidades de "favelado".

Esses elementos são essenciais para pensarmos a função estatal de administração das crises, uma vez que se veem vários segmentos empresariais manifestando interesse em explorar o mercado consumidor em potencial espalhado pelas mais de mil favelas existentes na capital do Rio de Janeiro, um mercado que havia sido deixado de lado por parte do circuito capitalista de produção e venda de mercadorias e serviços.

Na Comunidade pacificada da Dona Marta o governo do Estado abriu uma linha de microcrédito para "moradores empreendedores" e "microempresários" locais, como parte do Programa *Investe Rio*, ligado à Secretaria de Desenvolvimento Econômico, Energia, Indústria e Serviços, que com tal linha especial de crédito visa, segundo informações oficiais, "aproveitar o potencial econômico da comunidade" e, em outras favelas pacificadas na Zona sul da cidade, seu "potencial turístico": a *mise-en-scène* da favela S.A" "exibe a comunidade e sua territorialização precária como uma mercadoria mais ou menos exótica a ser vendida no nicho de mercado multiculturalista" (BRITO, ibid: 102) de modo que "o que temos, no fundo, são as UPPS como suporte para um processo de instrumentalização da pobreza e da cultura como alavancagem para a valorização imobiliária e fundiária" (ibid: 103).

Valorização imobiliária e fundiária de um lado, capacidade de consumo e capital inicial para iniciativas "empreendedoras" de outro, autolegitimação e elogios ao sujeito morador das periferias enquanto "sujeito periférico": o vínculo econômico entre UPP, administração estatal-empresarial das crises e políticas identitárias parece ser inquestionável.

A pensadora indiana Ananya Roy tratou, em seu livro *Capital Pobreza* (2010), dos impactos dos programas de microcrédito no âmbito da economia mundial, concluindo que se trata de um dispositivo importante para a gestão da crise do sistema capitalista via financeirização da pobreza. Não por acaso, Lívia de Tommasi e Dafne Velazco constataram que em uma das comunidades geridas pela UPP a chegada do Bradesco foi "o acontecimento mais significativo" desde a "pacificação". E a seguir as pesquisadoras expuseram o quadro em sua riqueza de elementos:

Na inauguração da agência, no dia 5 de janeiro de 2011, estava presente o governador Sérgio Cabral. Como já mencionado, na agência só funcionam os serviços de abertura de conta e empréstimos, além de dois caixas eletrônicos. Os caixas presenciais são "terceirizados" e funcionam em algumas lojas do comércio local. O gerente do Banco é pessoa muito ativa que gosta muito do que faz e do lugar onde trabalha. Parece conhecer todos os comerciantes e empreendedores locais pessoalmente. Segundo ele, na comunidade tem cerca de quinhentos empreendimentos. Conta que, junto com o empréstimo, oferece informalmente os serviços de consultor financeiro: os comerciantes trazem seus livros de caixas e o gerente ajuda na organização das contas, na projeção das despesas e dos investimentos. Depois de menos de dois meses, já tinha conseguido abrir cerca de mil contas individuais e cem de razão social. A política da agência é não oferecer talão de cheque aos clientes, e sim apenas cartão de crédito com teto baixo, "para as pessoas irem se acostumando devagarzinho", diz o gerente. Mas muitas contas nem são movimentadas ("muita gente abre só para abrir"). "Integrar-se" à cidade é tornar-se correntista. Para abrir conta não é preciso trazer o comprovante de residência nem de renda. O pessoal passa na associação de moradores, que assina uma carta de garantia. Flexibilização dos serviços, adequação à demanda. Os empréstimos concedidos são baixos (ao redor de mil reais inicialmente), para "educar" os empreendedores a lidar com esse tipo de situação. O aprendizado do manejo com o sistema financeiro requer tempo, pedagogia e paciência. O valor dos empréstimos é baixo também para que a agência não fique em vermelho. Porque, descobrimos, uma agência de um banco (privado) funciona como uma filial de uma franchising, ou seja, é o gerente que tem que encontrar os recursos para reformar o local, alugar as máquinas dos caixas eletrônicos junto à sede central, equacionar as contas com as folhas de pagamento dos funcionários. Os lucros devem servir para financiar as atividades, como qualquer outro empreendimento. Isso dá também uma certa liberdade, diz o gerente, que por exemplo resolveu contratar exclusivamente os serviços da mão de obra local para reformar a casa sede da agência. Mas, como todo empreendimento, esse também comporta riscos, e isso justifica a contenção de despesas com mão de obra para os caixas presenciais. A "descentralização" desses é sem dúvida um recurso importante nesse sentido. É o espírito do capitalismo moderno, reduzir os custos da mão de obra, flexibilizar as formas de trabalho, adequar o empreendimento às demandas locais. Mesmo assim, depois de um tempo de euforia, a agência foi obrigada a colocar um freio à concessão de empréstimos, por causa dos altos índices de inadimplência. (TOMMASI & VELAZCO, 2013: 32)

O quadro descrito pelas pesquisadoras é bastante completo. Temos desde as boas e velhas presenças do poder público em "inaugurações" até modalidades inéditas de terceirização de serviços bancários para as mãos de comerciantes locais, passando pelo fetiche da conta no Banco como status de integração à ordem e, claro, por práticas aproveitadoras de superexploração da mão de obra local, a qual certamente não exigirá do Banco os direitos de auxílio-transporte e, possivelmente, estará mais propensa a aceitar salários abaixo da média, uma vez empolgada com um trabalho que beneficiará "a comunidade" como um todo etc.

Diante do "freio" e da cautela do Bradesco em seguir com os empréstimos, não há motivo para alarde, pois já há a concorrência a beneficiar os moradores: outro programa de microcrédito, o *Fundo UPP Empreendedor*. Operado por uma empresa privada por conta do governo do Estado no âmbito da Agência Investe Rio, o Fundo compete com o Bradesco no oferecimento de créditos, especialmente para a população jovem, a taxas de juros bastante atraentes, somente 3% ao ano e com exigências mínimas para a concessão. A justificativa de existência do Programa de Microcrédito não poderia ser mais nobre: visa oferecer "oportunidades" para jovens que poderiam "se perder" no envolvimento com o tráfico de drogas. Aliado às linhas de crédito, há a oferta de inúmeros cursos e cursinhos de curta duração que, segundo Tommasi e Velazco, têm eficácia "em termos de profissionalização" "evidentemente duvidosa", muito embora, e essa informação é valiosíssima: essa ineficácia "geralmente, não está na pauta dos gestores, muito mais preocupados com 'ocupar o tempo ocioso' dos jovens" (ibid: 33). Não poderia estar mais claro o intuito contra insurgente e de garantia da manutenção da ordem de tais políticas.

Os projetos apoiados pelo governo e empresas são, via de regra, projetos que visam "ativar positivamente a população jovem, enquanto sujeito e objeto de múltiplas formas de intervenção que visam fomentar, fortalecer, ampliar suas capacidades "empreendedoras" nos mais diferentes campos: cultural, social, econômico" (ibid: 34). Um exemplo de Projeto que deixa muito claro suas intenções políticas é o do importante empreendedor cultural e social Marcos Faustini, a "Agência de Redes para a Juventude", que conta com financiamento da Petrobrás e apoio do governo. Conforme Tommasi e Velazco explicam:

A iniciativa consiste na formação de jovens para que eles elaborem um projeto social de intervenção para "melhoria das condições de vida na comunidade". Aqui, os jovens da comunidade são formados durante quatro meses e no final devem elaborar um projeto; um dos quais, depois de passar pelo crivo da avaliação de uma comissão de "notáveis" (muitos dos quais são empresários), receberá um financiamento de 10 mil reais para que possa ser realizado. Os educadores e "mediadores culturais" do projeto são todos jovens de "comunidades", jovens que já tiveram uma trajetória em projetos sociais e se destacaram pelas habilidades adquiridas. Jovens que, evidentemente, recebem salários "adequados" à sua condição de jovens. A ideia do projeto é "despertar o sentimento de pertencimento à comunidade" e ao mesmo tempo, promover a circulação na cidade. A primeira pergunta à qual os jovens precisam responder na preparação de seus projetos é se eles têm algum sonho. A segunda, é sobre valores: que valores o projeto vai ajudar a difundir? A intenção é clara: um bom empreendedor é o que persegue seus sonhos e ajuda a difundir na comunidade os "bons" valores (de cidadão e empreendedor? Ou cidadão-empreendedor). (ibid: 35)

A chegada da UPP trouxe para os moradores, além de Bancos e contas de luz, a imposição da regularização do empreendimento. Com a *pacificação*, os comerciantes locais se viram subitamente forçados a abrir um CNPJ, a entender como funciona a burocracia da prefeitura, a declarar o imposto de renda e a temer a possível chegada dos "fiscais". A recusa das regras da legalidade muitas vezes é vista como um verdadeiro ato de resistência: "vou assinar a carteira do meu marido, ou de minha cunhada? Não faz sentido!" diz uma das operadoras de caixa descentralizado do Bradesco, entrevistadas por Tommasi e Velazco.

Quanto à legalização dos empreendimentos e a disseminação da racionalidade neoliberal cabe destacar a atuação do Sebrae, que ajuda nos aspectos burocráticos e oferece cursos de formação, por exemplo o "Aprender a empreender serviços" e a "Oficina de finanças", voltados a empreendedores e comerciantes que queiram se familiarizar com as exigências legais decorrentes de sua nova condição.

O Sebrae incentiva, ainda, a criação de uma associação de comerciantes locais visando impedir a entrada das grandes cadeias de lojas de departamentos, como as Casas Bahia, cujos preços competitivos evidentemente prejudicariam as vendas do comércio local. Tommasi e Velazco explicam que os cursos oferecidos pelo Sebrae são cursos específicos para Empreendedores Individuais (EI), uma figura jurídica criada pelo governo federal para facilitar a legalização de algumas categorias de trabalhadores informais através da redução dos impostos. "Para convencer os empreendedores a se legalizar, os representantes do Sebrae fazem apelo a dois atrativos: o desenvolvimento e a possibilidade de utilizar o cartão de crédito" (ibid: 29). À miríade de identidades soma-se, então, mais uma: a de empreendedor.

Os técnicos do Sebrae informam que um conjunto de dificuldades tem inviabilizado seu trabalho de legalização dos empreendimentos, e afirmam que se tornou comum, nas comunidades, a utilização da figura do EI (Empreendedor Individual) para driblar os direitos trabalhistas: donos de restaurantes e cabeleireiros obrigam seus empregados a se tornar EI, para não ter que assinar suas carteiras de trabalho e pagar os impostos devidos. Pesquisadores do Ipea afirmam que a manobra vem sendo usada especialmente no setor da construção civil, que já conta com alto índice de trabalho informal.

Aprofundando a interiorização da racionalidade neoliberal no âmago da classe trabalhadora que reside nas comunidades, as "oportunidades" de ascensão pessoal são promovidas por diversas empresas transnacionais, articuladas com o governo e ONGs, numa confluência de interesses jamais vista, o que tem levado à exportação do modelo brasileiro de gestão lucrativa da pobreza. Veja-se a riqueza de elementos que a narrativa a seguir nos traz:

Numa outra lateral, já perto do cruzamento central, abriu em 2011 uma pequena loja, toda reformada, de sabão e sabonete, loja na frente e espaço para produção atrás, um empreendimento bem no espírito do moderno "combate à pobreza": é um grupo de mulheres egresso de um curso sobre empreendedorismo e microcrédito, oferecido por uma ONG de mulheres da Zona Sul da cidade em quatro favelas, curso que resultou no financiamento de um empreendimento em cada favela; curso e empreendimentos financiados com recursos (meio milhão de dólares) de uma multinacional americana (a Chevron), recursos transacionados por uma fundação privada americana, a Fundação Kellogg, muito atuante no Brasil na área da responsabilidade social empresarial. O sabão comum é feito com óleo de cozinha reciclado, que as mulheres recolhem na comunidade. Por enquanto, estão "tirando", como elas dizem, cerca de trezentos reais por mês. No curso, segundo elas, tudo era decidido "por consenso"; mas de fato das 38 participantes, só seis se juntaram para criar o grupo. A seleção se deu de forma "natural": o curso tinha que ser frequentado todos os dias, inclusive aos sábados o dia inteiro. E justamente por ter permanecido o curso inteiro, persistindo e gerando o novo negócio, essas mulheres se veem como um pequeno grupo vitorioso, que com força de vontade e determinação conseguiu o que queria. Esse é o ideal constantemente enfatizado: "O projeto me fez colocar os pés no chão, erguer a minha cabeça e falei para mim mesma que venceria, ia para a luta nessa oportunidade única da minha vida", relata uma das integrantes numa matéria feita em ocasião da inauguração da loja e publicada no blog da "pacificação". O dinheiro para abrir o empreendimento (50 mil reais financiados pela Chevron) é administrado pela ONG, que o "libera" gradualmente e acompanhará o grupo até sentir que "a gente está apta para ganhar o mercado sozinhas", dizem. Quando pergunto o que é preciso fazer para virar empreendedoras, respondem: "é preciso ter coragem, não adianta só querer". Uma delas tem o sonho de ganhar, algum dia, 5 mil reais, outra 2 mil reais. Coragem, ousadia, confiança: ingredientes chaves do "espírito empreendedor". Mas, recentemente o número das mulheres integrantes do grupo diminuiu, por causa das dificuldades financeiras que o empreendimento enfrentou depois que o financiamento da Chevron acabou; visivelmente, não é um exemplo de sucesso. [...] Entre outras coisas, as mulheres me contam dos roubos que estão acontecendo na comunidade, na rua, nas casas, e que antes não aconteciam. "Agora você não pode nem deixar uma bicicleta no meio da rua". "Efeito perverso" da "pacificação". Como outros moradores, elas asseguram que antes da UPP viviam relativamente tranquilas na comunidade, "se você não devia nada a ninguém, se ficava na tua, ninguém implicava com a gente". Além das lojas, na rua principal encontramos também algumas ofertas de serviços, como a venda dos planos da Sky. A regularização do acesso aos canais fechados de TV é um dos primeiros acontecimentos nos territórios "pacificados"; aliás, como me contou um gestor de outro território, os moradores dizem que "a Net sobe o morro já no carro da polícia de ocupação". Mas a proposta de planos aparentemente baratos (cinquenta reais) esconde a armadilha: o plano permite o acesso a muito poucos canais, enquanto os planos "ilegais" ofereciam, pelo mesmo preço, acesso a todos os canais fechados. Numa lona improvisada na calçada, a Honda oferece planos para parcelar a compra de uma moto. Numa outra, a TIM oferece seus novos serviços de telefone fixo pré-pago. As "melhorias", ou seja a obra Bairro Maravilha Cidade de Deus, já foram "lançadas" três vezes pelo prefeito. Outro dia são os representantes dos serviços judiciários, numa ação da Casa dos Direitos Itinerante, com a presença do ministro da Justiça: uma feira de serviços jurídicos ambulantes, onde os cidadãos podem fazer denúncias, emitir carteira de trabalho, utilizar os serviços de cartórios etc. Depois, é a empresa de venda em domicílio Natura que monta alguns estandes para "juntar todas as forças sociais da comunidade" (ou seja, a própria Natura, duas ou três ONGs locais que vendem artesanato, e os policiais da UPP, que distribuem "santinhos" para alertar a população sobre a necessidade de preservar o meio ambiente) e dar publicidade a seus produtos. Nas barracas da Natura é possível fazer uma maravilhosa massagem nas mãos ou uma linda maquilagem, ou ouvir a música tocada pela banda dos policiais da UPP, motivando as mulheres a trabalhar como vendedoras. Outra vez, é dia da Feira de Economia Solidária. Em seguida, vem a gestão do Rock in Rio apresentar seu programa social. Todos esses eventos acontecem com a presença ostensiva e fortemente armada dos policiais da UPP, que vigiam o bom andamento das comemorações. É o "tempo do evento" (parafraseando a feliz expressão de Moacir Palmeira e Beatriz Heredia, o "tempo da política") no qual aparecem personagens, práticas, relações distintas respeito ao cotidiano que os moradores habitam; tempo durante o qual as adesões tornam-se manifestas e as alianças são sacramentadas (especialmente, no nosso caso, entre os que estão no palco). (TOMMASI & VELAZCO, 2013: 28–30)

Sintomaticamente, as pesquisadoras descrevem um dia em que havia na Cidade de Deus, simultaneamente, um Evento da *Natura* e um Comício do Ministro da Justiça, com preferência clara para o primeiro evento e manifestações de descrédito da população ao passar ao lado do Comício: "queremos não só carteira de trabalho: queremos carteira de trabalho assinada!", teria dito um transeunte (ibid: 30).

Tal como no caso da linha "Quem disse, Berenice?", da empresa *O Boticário*, o sucesso da *Natura* toca sutilmente em elementos da identidade do morador favelado: provém da conjugação do caráter mais ou menos "de luxo" de suas mercadorias, que são voltadas para o cuidado estético, e seu método de emprego, o qual garante certo status às vendedoras a domicílio (o percentual de vendedores homens é mínimo). A questão causa, de certo modo, indignação, já que as vendedoras da *Natura* não trabalham pelo sistema de consignação de venda, e sim compram os produtos na empresa com 20% de desconto e os revendem por conta própria, restando às trabalhadoras, portanto, ganhos mínimos e uma insegurança inerente ao modelo de venda, além, é claro, da ausência de direitos trabalhistas.[12]

O fato dos produtos da *Natura* serem caros e ainda assim bastante consumidos pela população de baixa renda é apontado por Tommasi como mais um sinal da "integração" dos pobres pela via do consumo. Mas o que já está ruim pode ficar pior: nas proximidades das favelas pacificadas há contingentes enormes de moradores "invisíveis", que não aparecem nas estatísticas do IBGE e nem nos mapas da Secretaria de Saúde: são moradores excluídos das iniciativas voltadas a incrementar o consumo e o "espírito empreendedor".

Aqui, as cores da pintura não são vivas; ao contrário, é a escala de cinza que prevalece. Desolação, abandono, muito lixo, muitas crianças brincando com nada. Para eles, não tem academia nem quadra, só alguns pneus velhos amontoados. Imagens fortes que fazem surgir novas interrogações: quem pode se beneficiar desse modelo de "integração" via empreendedorismo e consumo? Qual é o destino reservado a quem fica de fora? Como se determinam as clivagens? As fronteiras deslocam-se, mas não estão borradas. (ibid: 36)

Quando os métodos de gestão da pobreza são o que há de mais "humano" em determinado território, não há outra palavra a se pronunciar senão *barbárie*. A situação a que está submetida a classe trabalhadora das periferias das grandes cidades (mas não só) e seu manejo pelo poder público e privado são um terrível pesadelo tornado real em um tempo de vitória da contrarrevolução e de predomínio, no imaginário dos trabalhadores, de "expectativas decrescentes" (Paulo

---

12. Cf. Uma radiografia deste setor é feita por Ludmila Costhek Abílio (2014).

Arantes). Como bem pontuam as pesquisadoras Tommasi e Velazco, o que está acontecendo nos territórios pacificados e periferias das grandes cidades "não é circunscrito e específico a esses espaços", e sim "diz respeito a todos nós, enquanto remete à forma como o governo neoliberal se manifesta na atualidade" e à forma como se concretiza, em práticas sociais, aquilo que chamamos de "cidadania".

Referimo-nos, em particular, aos incentivos ao chamado "empreendedorismo", que encontramos, na atualidade, em diferentes âmbitos da vida econômica, social e cultural: dos programas de apoio às micro e pequenas empresas, aos projetos sociais com jovens; das atividades de "responsabilidade social" à produção cultural. (ibid: 39)

O que temos é a "conformação da subjetividade empreendedora como uma estratégia de poder":

O vocabulário do empreendedorismo une a retórica política e os programas regulatórios às capacidades de "autodireção" das pessoas. [...] Refere-se a uma série de regras para a conduta da existência diária de uma pessoa: energia, iniciativa, ambição, cálculo e responsabilidade pessoal. O self empreendedor fará da sua vida um empreendimento, procurando maximizar seu próprio capital humano, projetando seu futuro e buscando se moldar a fim de se tornar aquilo que deseja ser. [...] O empreendedorismo designa uma forma de governo que é intrinsecamente "ética": o bom governo deve ser baseado nas maneiras pelas quais as pessoas governam a si próprias. (Nikolas Rose apud TOMMASI & VELAZCO, 2013)

"Os indivíduos contemporâneos são incitados a viver como se fossem projetos, a tornar-se, cada um, um empresário de si mesmo" (TOMMASI & VELAZCO, 2014: 40). As políticas estatais, e em particular as de gestão da pobreza, se inserem em uma determinada lógica de organização social, política e econômica centrada no fortalecimento e *valorização do indi-*

víduo, a qual se mostra de modo claro quando entendemos o neoliberalismo como racionalidade onde há o "empreender a vida como uma escolha ativa" em paralelo com uma "de-socialização da gestão econômica" (Rose, op. cit). Trata-se de uma estratégia de governo que tem como "sujeito e objeto a população", ou seja, um governo que se realiza "não somente sobre, mas também através da população", ou seja, uma forma de "governo de si" que não se limita a si e se expande para o governo dos outros: governar significa "agir de maneira a estruturar o campo de ação possível dos outros" (op. cit). A partir da chave denominada "liberal avançado", praticamente idêntica à do "neoliberalismo" de que falam Dardot e Laval, Rose afirma o caráter inovador das estratégias de governo que se desenvolvem na última década do século xx:

Ao invés de governar o social em nome da economia nacional, se governam zonas particulares – regiões, cidades, setores, comunidades – em vista do interesse dos circuitos econômicos que correm entre as regiões e as fronteiras nacionais. Os destinos econômicos dos cidadãos no interior de um território nacional estão desatrelados, e agora estão compreendidos e governados como uma função de seus particulares níveis de empreendimento, habilidade, criatividade e flexibilidade. [...] Essa ênfase sobre o indivíduo como um agente ativo no governo de sua própria economia através da capitalização de sua própria existência é paralelo a uma série de novos vocabulários e conjuntos de dispositivos implantados para gerir os indivíduos no interior dos postos de trabalho em termos de reforço de suas próprias competências, capacidades e espírito empreendedor. [...] O trabalho, também, não é mais considerado como uma obrigação social, nem sua eficiência deve ser reforçada através da maximização dos benefícios sociais que o trabalhador encontra no local de trabalho, nem o seu principal papel deve ser o de circunscrever o indivíduo na coletividade através dos efeitos de socialização dos hábitos de trabalho. Pelo contrário, o trabalho em si — para os trabalhadores e para os managers — torna-se um *espaço de autopromoção* e a gestão do trabalho é realizada em termos de *reforço das capacidades ativas dos empreendedores individuais*. [...] A gestão econômica está sendo de-socializada em nome da maximização do comportamento empreendedor de cada indivíduo. (Nikolas Rose apud TOMMASI & VELAZCO, 2013: 40)

A partir da ideia de que os "incluídos" do sistema são aqueles indivíduos que "detêm os recursos financeiros, educacionais e morais para assumir o papel de cidadãos ativos em comunidades responsáveis", Rose pontua que essa nova gestão econômica provoca uma transformação nas formas de governo das condutas: "empreender a vida, no âmbito de todas as práticas quotidianas, como uma escolha ativa", de modo que "a inclusão se faz através do fortalecimento da escolha, da autonomia e do consumo".

Como bem lembra Tommasi e Velazco, se nas décadas passadas a inclusão era concebida como resultado da obtenção de um trabalho assalariado, hoje é "a figura do empreendedor que se coloca como modelo e possibilidade de inclusão". Como já havia sido notado por Dardot e Laval, é o fantasma de Schumpeter que assombra o contemporâneo, na medida em que para o economista a evolução econômica se dá por meio de rupturas e descontinuidades parametradas por uma "destruição criadora" operada por indivíduos empreendedores, ou seja, criativos, com a ousadia de inovar.

Como escrevem Pierre Dardot e Christian Laval, que estudam o neoliberalismo enquanto sistema de normas que orientam as práticas de governo, hoje a concorrência não se faz somente através dos preços, e sim através da inovação, operada por sujeitos que interiorizam a pressão concorrencial "de forma a torná-la a norma da subjetividade". Assim, "são todas as atividades humanas, até as mais distantes do mercado mundial, que precisam funcionar de forma homogênea segundo a lógica da concorrência" (ibid: 46).

Não é por acaso que todo esse panorama crítico encontra correspondência no exemplo carioca das implantações das UPPS e todo o Projeto de políticas sociais e econômicas aí envolvidas, as quais têm como pano de fundo a relação íntima entre, de um lado, a valorização do indivíduo inerente ao neoliberalismo e ao identitarismo e, de outro, as múltiplas estratégias empresariais e estatais voltadas para o desenvolvimento capitalista.

A "pacificação" no Rio de Janeiro tornou-se a ocasião perfeita para a instalação de dispositivos de governo que visam ampliar o mercado consumidor interno e promover, no próprio âmbito da classe trabalhadora, o "espírito empreendedor". Se por um lado os moradores tornam-se "cidadãos" pela via do consumo, por outro essa suposta "inclusão" pressupõe que eles virem gerentes de algum empreendimento, nem que tais empreendimentos sejam eles próprios. Como a entrada na legalidade e a suposta "conquista da cidadania" vêm com certo *preço*, os moradores se defrontam *de modo ambivalente* com o *projeto estatal-empresarial,* em uma oscilação de aceitação e resistência, proximidade e recusa.

Se para os moradores o Programa da Pacificação aparece como recheado de contradições e paradoxos, para as classes dominantes a implantação das UPPS no Rio de Janeiro teve resultados econômicos imediatos (e mesmo prévios). No campo da especulação imobiliária, por exemplo, viu-se significativa valorização tanto dos imóveis situados nas favelas "pacificadas" ou a serem "pacificadas" quanto naqueles do "asfalto" em torno delas. Na Comunidade Cidade de Deus, por exemplo, houve uma elevação de até 400% no preço dos imóveis.

Como se vê, as políticas são implementadas ora por empresas, ora por instituições estatais, ora por ONGs, ora por entidades da sociedade civil e até mesmo por movimentos sociais. De fato temos uma fusão de atividades, o que corrobora o modelo analítico de João Bernardo (2009), que coloca Estado Amplo (empresas) e Estado Restrito (Estado Nacional) como sendo ambos "Estado". Neste modelo teórico os "gestores" são vistos como a principal classe capitalista, que atua tanto em espaços estatais quanto empresariais. Tratando do tema das UPPS, Lívia de Tommasi observou que "Setores públicos e privados, autóctones e estrangeiros, atividades econômicas, sociais, culturais, de segurança, educativas, políticas, nos parecem estar completamente imbricados. Separar (o que é Estado do que é sociedade civil, o que é organizado do que não, privado do público, legal e ilegal) não somente empobrece a análise como é parte da lógica gestionária que precisa ser interrogada. Curiosamente, inclusive, observamos uma "dança dos papéis": policiais que realizam atividades de educadores ou animadores sociais, oferecendo atividades esportivas, recreativas e de reforço escolar às crianças; gerentes de banco que funcionam como conselheiros de negócios e empreendimentos; comerciantes que viram caixa de banco; líderes comunitários que gerenciam programas de governo; gestores públicos que transacionam empreendimentos privados" (TOMMASI, 2014: 19).

A estratégia estatal e capitalista de implantação das UPPS dá um curto fôlego econômico para algumas empresas envolvidas no processo, permitindo-lhes auferir lucros de espaços até então não capitalizados, que agora passam a estar inseridos nos esquemas de acumulação por espoliação (Harvey). Mas esses lucros se dão ao preço do deslocamento temporário de algumas contradições urbanas e raciais há séculos não resolvidas e, por isso, alimenta a semente do conflito social em níveis mais agudos, num futuro próximo.

Não por acaso tivemos as revoltas sociais de meados de 2013, quando houve intensa participação de pessoas que residem nessas favelas "pacificadas" e que demonstraram nas ruas que o *grau de insuportabilidade* da vida social nas grandes cidades atingiu o teto.

As UPPS, além de não resolverem o problema urbano de moradia, levaram a uma expulsão dos moradores mais pobres, uma vez que com a "pacificação" os aluguéis e o custo de vida em geral subiram muito nas favelas, levando a um "branqueamento" das comunidades conforme mudaram para a periferia setores das classes trabalhadoras e estudantes que até então viviam no "asfalto" (onde passaram a viger valores exorbitantes de aluguel e custo de vida). Não é por acaso, então, que Felipe Brito conclui que as UPPS tendem a provocar "novas rodadas de distensão da conflitualidade socioespacial, ampliando as fronteiras da favelização, de maneira a reatualizar o vaivém histórico das 'resoluções não resolvidas' dos nossos problemas sociais" (ibid: 105). Tanto quanto as contradições, os interesses estatais e os montantes de capital envolvidos no processo são grandes:

A relação das UPPS com o mercado é mais extensa e profunda. Mediante uma heterodoxa parceria público-privada, um pool formado por Coca-Cola, Souza Cruz, Light, Metrô, Bradesco e outras empresas comprometeu-se a criar um fundo destinado às UPPS como reconhecimento às garantias e salvaguardas que estas fornecem e fornecerão aos grandes investimentos. [...] Além desse pool, a Confederação Brasileira de Futebol (CBF) também prometeu doar recursos ao fundo. A Bradesco Seguros, A Coca-Cola e a Souza Cruz comprometeram-se, respectivamente, com R$ 2 milhões, R$ 900 mil e R$ 400 mil. Contudo, a parceria não se restringe à criação de um fundo: na Ladeira dos Tabajaras, a Souza Cruz e a Coca-Cola estão construindo a sede de uma UPP. A fabricante de cigarros também doou um terreno em Manguinhos para a Construção da Cidade da Polícia, local que concentrará todas as sedes de delegacias especializadas do Rio de Janeiro. A CBF, por seu turno, está participando da construção da UPP na Cidade de Deus. No fim de outubro de 2011, Eike Batista reforçou a intenção de comprar a refinaria de Manguinhos (que, além da localização estratégica, obteve recentemente licenciamento ambiental), mas condicionou a compra à instalação de uma UPP na região. O fato é que, além de investimentos destinados à Copa e às Olimpíadas na ordem de R$ 55 bilhões, o Estado do Rio de Janeiro deverá receber cerca de R$ 181,4 bilhões em investimentos entre 2011 e 2013. Por isso, o grande capital tem fortes expectativas em relação à atuação das UPPs. Nesse sentido, não foi fortuita a instalação da transnacional Procter & Gamble na Cidade de Deus há cerca de dois anos, mediante reduções e isenções fiscais. (BRITO, 2013: 105 e 107)

O Estado nacional procura constantemente articular-se com as empresas *multi* e transnacionais de modo a garantir a eficácia dos mecanismos da mais-valia relativa. Essa conjunção de esforços visa restringir as rebeliões dos trabalhadores ao âmbito reivindicativo reformista, ou seja, a demandas que o sistema possa absorver lucrativamente. O método de tal contenção das lutas é o solapar da solidariedade nos locais de trabalho e moradia, onde atuam não apenas os mecanismos próprios da disciplina capitalista nas empresas privadas, mas também atua fortemente o Estado, referendando a introdução de novos métodos para calcular e pagar os salários, promovendo a rivalidade entre trabalhadores nacionais e imigrantes, pela promulgação de políticas salariais ou "contratos sociais", pelas políticas monetárias e demais veículos da política econômica do governo, que incidem diretamente no poder de compra dos salários e na desvalorização da força de trabalho, etc.

Nesse processo de promoção da rivalidade entre trabalhadores há a forte presença do identitarismo enquanto elemento de fragmentação da classe.

A administração das crises via articulação entre Estado e empresas cumpre, portanto, a função dupla de, no âmbito *político*, evitar as ameaças potencialmente revolucionárias ao sistema e, do ponto de vista *econômico*, fornecer saídas econômicas rentáveis para o capital (estando ou não enfrentando uma crise). Muitas vezes, inclusive, o processo de salvaguarda estatal das empresas se dá por meio da ajuda financeira direta e até mesmo pela aquisição das empresas em falência, como vimos na última manifestação mais visível de aguçamento da crise capitalista, nos EUA em 2008–2009. Tanto num caso quanto no outro o sucesso ou fracasso da missão conservadora do Estado é mútuo, ou seja, o Estado precisa ter sucesso em suas frentes de atuação para que o sistema capitalista não se veja em apuros e tendo de lidar com situações de colapso e potencialmente "pré-revolucionárias". Nessas tarefas, ele encontrou na assimilação das pautas identitárias um poderoso aliado, por isso o identitarismo pode ser visto, do ponto de vista da esquerda anticapitalista, como um inimigo interno.

Modernizam as empresas e arcaízam os trabalhadores?

Além de contribuir com a dinamização e legitimação do capitalismo, a política identitária também fortalece o sistema ao contribuir para enraizar, ou até para ressuscitar, diferenciações biologizantes (de cunho racista) e tradições culturais que servem apenas para fragmentar ainda mais a classe trabalhadora. Aqui reside o nó górdio que articula as implicações políticas e econômicas das políticas identitárias. O racismo e machismo são problemas reais que afligem os trabalhadores, por isso trata-se de enfrentá-los no campo das lutas sociais imediatas. Em contextos de crise econômica e acirramento das competições entre trabalhadores as alternativas identitárias são ainda mais atrativas àqueles que podem se beneficiar delas no curto prazo, que é, em geral, o *tempo histórico* que mais importa a sujeitos individualmente considerados.

Por um lado, o primado das lutas imediatas constitui um ponto de consenso tácito para a maioria do campo político de esquerda, em especial aquele ciente dos danos causados pela prática stalinista segundo a qual as opressões seriam enfrentadas *apenas depois* da revolução contra o capitalismo. Por outro lado, as formas de enfrentamento à opressão *descoladas* da perspectiva de enfrentamento das relações sociais de exploração resultam não apenas na manutenção do capitalismo, como ainda permitem que o sistema se dinamize e se enraíze em bases políticas e econômicas mais sólidas.

Por isso a extrema esquerda se vê diante da constrangedora situação na qual as velhas ortodoxias não conseguem responder satisfatoriamente às demandas identitárias dos trabalhadores e as iniciativas mais sistemáticas de enfrentamento das opressões, postas efetivamente em prática, se mostram perniciosas em termos de luta contra o capitalismo, afinal resultam no reforço daquilo que outros pretendem superar. Constatar isso nos mostra o quanto é importante a crítica ao identitarismo e suas implicações nefastas no âmbito das demandas e formas de luta, como por exemplo aquelas que caracterizam algumas vertentes do feminismo enquanto *feminismo excludente* e as correlatas variedades de sectarismo no campo da luta contra o racismo e a homofobia, mas o quê colocar no lugar destas modalidades de luta? Como atender às demandas por diversidade sem que a mobilização em torno de tais bandeiras e o atendimento a tais pautas terminem por reforçar o sistema que se pretende negar?

A dinâmica do capitalismo é capaz de recuperar qualquer demanda ou forma de luta, exceto aquela que contesta – ou que simultaneamente contesta – o fundamento da mais-valia, ou seja, a relação social de exploração do trabalho. As novas modalidades de sociabilidade autogestionária, quando ensaiadas pela classe trabalhadora, não são assimiláveis pelo capital por conta de sua organização completamente distinta daquela que formata as relações capitalistas. Entretanto, se não se generalizam por todo o tecido social, mesmo esses ensaios e experiências históricas acabam sendo assimilados, no longo prazo, uma vez que o sistema a eles contraposto não é substituído em escala global.

O capitalismo possui uma tendência centrífuga que resulta na absorção e englobamento de todo e qualquer experiência ou espaço organizado sob outra lógica que não esteja em acordo com a lei do valor. Essas experiências são desnaturadas e assimiladas, passando a renovar a próprio sistema de relações sociais capitalistas ao qual inicialmente estavam contrapostas. Ter em mente este e outros limites expostos ao longo deste livro não implica secundarizar as lutas contra as opressões em prol das lutas classistas, mas tão somente desvendar alguns dos mecanismos assimilatórios operantes e indicar as *condições* para que as lutas feministas, as lutas raciais e étnicas e as lutas LGBTIQ+ deixem de ser assimiladas resultando no fortalecimento do capitalismo.

Ademais, a própria formulação do problema em termos de "opressão" e "classe" em "lados" distintos gera confusão, pois as opressões existentes no capitalismo resultam da exploração, na medida em que cada tipo ou modalidade específica de exploração do trabalho de pessoas corporifica-se, no campo político, em formas também específicas de opressão. Isso necessariamente ocorre devido ao fato de que as sociedades assentadas em regimes de exploração se apresentam como organismos políticos necessariamente complexos — do contrário as relações sociais de exploração apareceriam de modo simplório, por assim dizer *cru* e, por isso, uma vez expostas as suas contradições e antagonismos estruturais, sua organização hierárquica e seus polos de dominação seriam mais facilmente contestados e desmantelados pelos explorados.

As estruturas e relações sociais de opressão, portanto, tanto ocultam quanto reforçam o elemento *econômico* da organização social. Nesse sentido, para os anticapitalistas a luta contra as opressões e discriminações só deve assumir a forma de uma luta no interior da classe trabalhadora a fim de educar ou forçar os trabalhadores racistas, machistas e homofóbicos a deixarem de sê-lo.

Isso deve ocorrer não por conta de qualquer dívida histórica, privilégio ou qualquer outra querela da gramática identitária, mas tão somente porque a sociedade igualitária que se almeja construir deve ser prefigurada *desde as lutas* em relações sociais que estejam em conformidade com os novos valores que se busca impor: o caráter revolucionário de uma luta social emerge quando estamos diante de uma luta pela construção de relações sociais novas não mais racistas, homofóbicas, machistas e exploradoras.

Se a luta no interior da classe trabalhadora organizada deixa de ser uma luta de solidariedade entre pares e assume roupagens conflituosas que aprofundam a fragmentação da classe, trata-se de um elemento ideológico-político intruso que deve ser combatido. É o caso da política identitária, com o agravante de que esta se configura não só como algo nocivo para a organização dos trabalhadores e trabalhadoras, mas como uma teoria e prática assentada em valores radicalmente opostos aos do anticapitalismo. De contrabando, o identitarismo traz, para o bojo das franjas mais arrebentadas da classe, os temas, valores e formas organizativas que historicamente embasaram as teorias e práticas da extrema direita.

Entender o modo como o capitalismo recupera as conquistas das lutas por diversidade não significa um antídoto à assimilação, mas ao saber quais são, como funcionam e onde encontram limites as armas à disposição de ambas as partes, podemos repensar nossas formas de luta e as teorias e práticas que lhes dão sustentação ideológica e material. É nesse sentido que este livro busca dar alguma contribuição.

Considerações finais

Buscamos demonstrar os modos pelos quais as empresas capitalistas assimilam as pressões sociais decorrentes das lutas identitárias, em especial as lutas feminista e negra. Por meio dos mecanismos de mais-valia relativa, de desenvolvimento da produtividade e concessões estratégicas para os trabalhadores, as empresas se tornam aptas a integrar as demandas das lutas contra as opressões de raça, gênero e sexualidade. Ao assim proceder, reforçam suas próprias raízes políticas, ideológicas e culturais nos locais onde atuam, estreitando os laços políticos, ideológicos e econômicos entre patrões e trabalhadores. Com a dinamização das elites empresariais, decorrente das pressões das lutas identitárias, ganha novo fôlego o desenvolvimento capitalista. O livro tratou, portanto, de alguns dos modos como o capitalismo converte a luta contra o machismo, o racismo e a homofobia em algo lucrativo.

Em 2015 a *McKinsey Global Institute* publicou um relatório chamado "Diversity Matters" onde analisava os dados de 366 empresas, de diversos setores, que atuavam no Canadá, América Latina, Reino Unido e Estados Unidos. Por meio da comparação métrica de resultados financeiros e composição da alta administração e dos conselhos, o instituto concluía o seguinte:

1. Empresas no quartil superior para a diversidade racial e étnica são 35% mais propensas a ter retornos finan-

ceiros acima de suas respectivas medianas da indústria nacional.

2. Empresas no primeiro quartil para diversidade de gênero têm 15% mais chances de obter retornos financeiros acima de suas respectivas medianas da indústria nacional.

3. Empresas no quartil inferior, tanto para gênero quanto para etnia e raça, têm estatisticamente menos probabilidade de obter retornos financeiros acima da média do que as empresas médias no conjunto de dados (ou seja, as empresas de quartil inferior estão ficando mais do que simplesmente não liderando).

4. Nos EUA, há uma relação linear entre diversidade racial e étnica e melhor desempenho financeiro: para cada 10% de aumento na diversidade racial e étnica na equipe executiva sênior, o lucro antes de juros e impostos (EBIT) aumenta 0,8%.

5. A diversidade racial e étnica tem um impacto mais forte sobre o desempenho financeiro nos Estados Unidos do que a diversidade de gênero, talvez porque os esforços anteriores para aumentar a representação das mulheres nos níveis mais altos de negócios já produziram resultados positivos.

6. No Reino Unido, a maior diversidade de gêneros na equipe executiva sênior correspondeu ao aumento de desempenho mais alto em nosso conjunto de dados: para cada aumento de 10% na diversidade de gêneros, o EBIT aumentou 3,5%.

7. Embora certas indústrias tenham um melhor desempenho na diversidade de gênero e em outras indústrias quanto à diversidade étnica e racial, nenhuma indústria ou empresa está no quartil superior em ambas as dimensões.

8. O desempenho desigual de empresas no mesmo setor e no mesmo país implica que a diversidade é um diferencial competitivo que muda a participação de mercado para empresas mais diversificadas. (HUNT, V.; LAYTON, D. & PRINCE, 2015)

As conclusões, baseadas numa quantidade enorme de dados, não deixavam margem para dúvidas e, além disso, de modo precursor, apontavam um impacto maior da diversidade racial e étnica em comparação com a de gênero.

Realizando pesquisas voltadas à temática da diversidade desde 2007, a *McKinsey Global Institute* se tornaria um referencial obrigatório para todos os interessados no tema, em especial as empresas, pois além de diagnósticos e análises o Instituto passou a formular propostas de ação e em 2018 enumeraria quais são os dez atributos de uma empresa ou organização inclusiva:

1. Não ortodoxa. Políticas, regras, normas e práticas são constantemente desafiadas para levar em conta as necessidades de todos, não apenas um grupo dominante.

2. Polimórfica. Diversos estilos de liderança são usados, reconhecendo que a efetividade vem em muitas formas.

3. Empoderada. Em vez de "comandar e controlar" todos são capacitados e têm a capacidade de moldar o futuro.

4. Multifacetada. A organização espelha a sociedade em que vivemos – multicultural e reflete uma ampla gama de religiões, culturas e etnias.

5. Meritocrática e justa. Os processos são justos e todos são tratados igualmente, em ambientes livres de preconceitos.

6. Cuidadosa e segura. O ambiente é sem medo, não hierárquico e não violento.

7. Respeitosa. As mulheres são consideradas pares; todos têm a mesma voz e podem ser ouvidos por todos.

8. Equilibrada. A organização permite o equilíbrio entre vida pessoal e profissional, o que significa que não há mais horas longas de trabalho e compreende-se que o desempenho não está vinculado à presença física e ao comprometimento de tempo.

9. Global e ágil. Há conectividade total, em escala global, e flexibilidade – alavancando a tecnologia.

10. Inventiva. Um CEO com visão de futuro é cercado por *millennials* arrojados e criativos.[1]

---

1. Cf. "Women Matter: Time to accelerate – Ten years of insights into gender diversity". Disponível em: <*https://cutt.ly/uysigUL*>.

Enquanto aparelho de poder, as empresas transnacionais não se limitam a ditar os métodos de exploração dos trabalhadores que estão em sua folha de pagamentos. Elas são soberanas e exercerem sua autoridade sobre a grande maioria da população, a começar pelo ordenamento da vida das famílias de toda a classe dos trabalhadores (local de moradia, leque de necessidades e forma de satisfazê-las etc.), por isso João Bernardo (2009) qualifica as empresas enquanto Estado Amplo, e é enquanto aparelhos de poder que elas precisam assimilar eficazmente as lutas identitárias, recuperando conquistas e antecipando conflitos sociais de modo estrategicamente lucrativo. O exemplo a seguir nos traz algumas lições:

A instauração do colonialismo moderno em África deveu-se à iniciativa de capitalistas privados, que durante algum tempo mantiveram o exclusivo das operações, inaugurando a primeira experiência de soberania integral das empresas. Detentoras de exércitos próprios, as empresas conduziam guerras ou assinavam acordos diplomáticos com os potentados autóctones, e nos territórios que passaram a controlar foram elas quem estabeleceu os órgãos do sistema administrativo, judiciário e repressivo. As armas, o chicote e a palmatória deixaram nos corpos traços indeléveis, mas para implantarem o capitalismo em África, portugueses, ingleses, franceses e belgas usaram como principal instrumento a cobrança do imposto de palhota. Tratava-se simplesmente de obrigar as famílias nativas a pagar um imposto em dinheiro. Por vezes, como medida de excepção e apenas durante um período transitório, o imposto podia ser pago em géneros, mas o objectivo era a cobrança monetária. Como só se aceitava a moeda emitida pela potência colonizadora, mesmo em regiões onde existiam tradicionalmente outros instrumentos pecuniários, e como só através do mercado os negros tinham acesso a essa moeda, eles viam-se na necessidade de vender géneros agrícolas ou a própria força de trabalho. Quanto aos géneros agrícolas, os colonialistas estavam interessados apenas nos que pudessem servir de matéria-prima às suas indústrias ou, de modo geral, à actividade económica das metrópoles, o que levou a população autóctone a alterar drasticamente as suas plantações, com efeitos desastrosos sobre as colectividades locais. Mas o que as empresas coloniais acima de tudo desejavam era comprar aos nativos a força de trabalho, ou seja, proletarizá-los. [...] o relatório de uma das subcomissões de um congresso reunido em Lisboa em 1911 e 1912 por iniciativa da Sociedade de Geografia havia afirmado com notável concisão: «Obrigar, pelos impostos directos, os indígenas nas colónias a trabalhar, para poderem pagar o imposto criando-lhes quanto possível necessidades que só pelo trabalho assíduo possam satisfazer». Contrariamente ao que sucedera em África durante a época do mercantilismo, quando os comerciantes europeus mantiveram relações com os sistemas sócio-económicos tradicionais, o colonialismo moderno destruiu os sistemas tradicionais para os substituir pelo capitalismo. A exportação de capitais é acima de tudo uma exportação das relações de trabalho proletárias, e sob a moeda sonante do imposto de palhota era o assalariamento que progredia. Deste modo, a influência das empresas coloniais exerceu-se, não só indirecta mas directamente, sobre a globalidade da população colonizada. (BERNARDO, 2005: 7).

É por levar em conta o caráter ampliado e sistêmico das estratégias de crescimento econômico que a expansão das empresas imperialistas brasileiras no continente africano não se limita ao plano econômico e busca lançar profundas raízes sociais no continente como, por exemplo, por meio da implantação da Capes-África e de centenas de projetos e parcerias estratégicas estatais e empresariais costuradas por brasileiros e africanos. Nesse mesmo sentido é interessante observar a política de concessão de bolsas de graduação e pós-graduação a estudantes oriundos dos países africanos de língua portuguesa, o que leva ao estreitamento das relações entre as elites destes países e as classes dominantes brasileiras, aperfeiçoando os mecanismos de recrutamento de gestores e consolidando as vias de penetração do imperialismo/colonialismo brasileiro. Compreende-se, então, como é importante para a expansão deste imperialismo em África a aplicação da política de cotas para futuros diplomatas, no Instituto Rio Branco/Itamaraty.

Como a esquerda brasileira tem reagido a todo esse processo? Em geral há uma indiferença com respeito ao imperialismo brasileiro, como se se tratasse de temas alheios à prática anticapitalista. Outra postura típica é a de reafirmação dogmática do caráter dependente do capitalismo no Brasil. Por fim, há a postura complacente de se analisar as cotas e programas de estreitamento de relações com a África como simples conquista que resultou de anos de luta contra o racismo, assim como assimilações e apropriações de bandeiras da luta feminista são vistas não como um fortalecimento estratégico do capitalismo, mas como uma imposição de pautas por parte das lutas feministas.

Não por acaso, assim como figuras de algumas vertentes do movimento feminista aplaudem a presença de mulheres em postos de comando de empresas e cargos públicos, figuras de algumas vertentes do movimento negro aplaudem a expansão brasileira em África dizendo que assim o Brasil "reencontrava suas verdadeiras raízes". Ou seja, as novas elites já surgirão munidas de legitimação ideológica e política.[2] Os limites da integração de negros nos cargos de comando já foram apontados por alguns. Em *As faces do empreendedorismo negro* (BORGES, 2016) lemos, por exemplo, o seguinte:

---

2. Cf. ARANTES, D. (2015).

A natureza do capitalismo brasileiro e o processo de acumulação de riquezas no país estão fundados na exploração do povo negro e nos 350 anos de escravidão, de acordo com Juninho Jr. Segundo o membro do Círculo Palmarino, esse processo chegou ao ponto de 0,2% da população deter 50% da riqueza no país. Por isso, "ou você de fato garante um processo de distribuição de riqueza, você garante um processo de empoderamento real dessa população, ou nós vamos ter uma parcela ascendendo, formando uma espécie de uma elite negra, em detrimento de uma grande parcela da população pauperizada" (2016: p. 10).

Não é por acaso que o Movimento Black Money[3] vem ganhando repercussão por meio da defesa do fortalecimento econômico de empreendedores negros, tendo desenvolvido a *StartBlackUp*, uma comunidade de *networking* que visa colocar em contato afroempreendedores alinhados à hashtag *#invistapreto*.

Nina Silva, Executiva de Tecnologia da Informação e fundadora do D'Black Bank (DBB), que tem como *slogan* "O banco feito de negro para negro", afirma que

não faltam exemplos de que criatividade, coletivismo e iniciativa são pilares de sobrevivência da população negra, mesmo sem visibilidade e reconhecimento da história pelo sistema educacional e mídias. Durante e no pós-período escravocrata a população afrodescendente lutou e tem lutado para garantir sua subsistência, onde o que denominamos "Black Money" tem sido a garantia de que podemos ser o nosso próprio mercado, em combate à marginalização e subalternação dos empreendedores e profissionais negros. Black Money também é resistência ao genocídio histórico da população negra.

---

3. Cf. <*https://movimentoblackmoney.com.br/*>.

Em matéria[4] de dezembro de 2017 intitulada "Ascensão econômica, Crédito e Black Money: a contramão da realidade dos empreendedores negros no Brasil" podemos nos informar de que

não faltam exemplos de projetos e empresas atuantes do ecossistema do Empreendedorismo Negro em todo o Brasil: o crowndfunding da parceria entre a Ganbatte e o Capital Herdeiro, onde uma formação de Mercado Financeiro será financiada para capacitar uma turma de jovens de baixa renda na intenção de inseri-los no mercado de trabalho (contribua aqui: <*http://juntos.com.vc/pt/impulsionando-talentos*>); iniciativas transformadoras como o D´Black Bank, uma fintech brasileira de negros para negros que será lançada em 2018 com o intuito do fomento à comunidade afrodescendente na manutenção do consumo de produtos e serviços para circulação de riqueza dentro de seu grupo étnico racial (<*http://www.dblackbank.com.br*>); ainda temos diversas plataformas de serviços para Negros como a Diáspora Black, plataforma digital que conecta viajantes e anfitriões interessados em vivenciar experiências de viagens focadas na história e cultura da comunidade negra em diferentes cidades do mundo, que está sendo incubada pelo Estação Hack, projeto do Facebook; na moda temos os Afrocriadores, coletivo que nasceu entre conversas nos intervalos de oficinas do projeto Sebrae Moda/RJ; e o Vale do Dendê que visa criar uma plataforma de atração de investimentos sociais e econômicos para a revitalização do centro de Salvador, restaurando espaços públicos e privados, formando mão de obra qualificada e criando um novo branding para a cidade.

Na sequência da reportagem, Débora Santos, Gerente de Projetos da IBM, líder do grupo BRGAfro e Advisor do Movimento Black Money diz que

---

4. Cf. <*https://cutt.ly/4ysijcg*>.

A cor da pele não define a capacidade de ninguém. Contudo, o negro enfrenta tantas dificuldades para conquistar o seu espaço desde criança, que acaba desenvolvendo soft skills como resiliência, empatia e persuasão que são características essenciais para qualquer empreendedor.

O elogio às *"soft skills"* do negro e sua conversão em algo lucrativo sintetiza, simbolicamente, todo um conjunto de contradições inerentes às políticas identitárias e suas absorções lucrativas por parte das empresas. Uma visão crítica, comprometida com a política anticapitalista, talvez visse esse elogio como tendo, em si mesmo, algo de perverso.

Os movimentos feministas e antirracistas e os que lutam pelas bandeiras LGBTIQ+ poderão seguir na defesa de sua luta e de suas justas demandas de integração e de combate à desigualdade de gênero e raça, mesmo depois de compreender como o capitalismo se fortalece a partir delas, afinal podem muito bem defender que a mera existência de um patrão negro[5] ou uma patroa mulher ou gay pode vir a trazer consequências estratégicas no âmbito de redução das opressões de gênero, raça e sexualidade.

É uma opção política e, como vimos, vem dando resultados, inclusive para o capital.

Só não se queira defender esse tipo de lutas (suas demandas e formas organizativas) como se elas tivessem algo que ver com a esquerda e com as lutas anticapitalistas, uma vez

---

5. Sobre o empreendedorismo negro ver RIBEIRO, Djamila (2015); SEBRAE (2013); SPITZ, C. (2013); INSTITUTO ADOLPHO BAUER (2016); JAIME (2013); MORAES E SILVA (2016); VOROS (2015); AGUIAR (2014); EXAME (2015); bem como todas as notícias e pesquisas do CEERT (Centro de Estudos das Relações de Trabalho e Desigualdades).

que estas, com sua ênfase nas relações sociais entre as classes, lutam não por patrões coloridos e diversificados, mas por um mundo sem patrões ou patroas de qualquer tipo.

Antes da esquerda pós-moderna e da política identitária adquirirem hegemonia nas lutas sociais o combate ao racismo, machismo e à homo ou "lgbtiqfobia" tinha por objetivo que a cor de pele, o sexo/gênero e a sexualidade passassem a ser um elemento pessoal indiferente, assim como a cor do cabelo, o tamanho do nariz ou se uma pessoa é careca ou cabeluda.

Assim, buscava-se combater a discriminação com vistas ao asseguramento de uma igualdade entre as pessoas, começando pelo aspecto econômico. As lutas negras (antirracistas) e o feminismo atualmente hegemônico tiraram o foco da busca pela igualdade e passaram a pretender uma inversão das hierarquias históricas, priorizando políticas compensatórias.

A luta contra as discriminações é conduzida, pelos identitários, de forma supraclassista, confundindo, nos mesmos movimentos, as discriminações que existem no âmbito dos capitalistas e aquelas que existem no âmbito dos trabalhadores. Além disso, a luta contra as opressões e discriminações é conduzida como um movimento de ascensão de novas elites, o que fica claro se observarmos que a preocupação dos movimentos identitários se centra no acesso às altas esferas decisórias, às administrações das empresas, aos governos e parlamentos, e não, por exemplo, com o acesso das mulheres a cargos de baixa remuneração e nulo poder decisório, como o de operário da construção civil, onde não estão representadas. Assim, a luta contra as discriminações não leva a uma nova consciência de classe, servindo, pelo contrário, para fragmentar e diluir essa consciência numa miríade de identidades excludentes.

Em termos de teorização a política identitária legitima suas bandeiras e formas de luta acentuando as clivagens e os elementos da diferença/desigualdade entre as "pessoas". O elemento de classe é deixado de lado e só mobilizado discursiva e oportunisticamente. Ora se recorre ao natural e biológico, ora se recorre ao cultural e histórico. A articulação entre identidade e hierarquia fica bastante evidente não apenas quando observamos a criação dos "espaços exclusivos", de "espaços seguros", a gramática do "lugar de fala" e do "protagonismo", ou a auto atribuição do movimento negro enquanto julgador, no âmbito da política de cotas, das modalidades de decisão acerca de quem é e de quem não é negro, mas se evidencia também quando observamos os ataques do movimento negro aos mestiços e aos negros e negras que se envolvem amorosamente com brancos e brancas (os "negros palmiteiros") ou quando os movimentos feministas discriminam as transgênero enquanto não mulheres, ou, ainda, quando os movimentos LGBTIQ+ estabelecem hierarquias entre as letras e advogam formas de moralismo e de comportamento social aceitável ou não, bem como discriminações contra mulheres feministas hétero que se envolvem amorosamente com homens etc. Em todas estas situações vemos ecoar nitidamente os ecos do fascismo, mas há ainda outros.

A busca pela igualdade e pelo universalismo, que durante séculos caracterizou a esquerda, foi deixada de lado e o que norteia as esquerdas hoje em dia é o próprio elogio à fragmentação e a formas nefastas de hierarquização entre trabalhadores e trabalhadoras. O pós-modernismo, com a crítica ao "eurocentrismo" e à "grande narrativa", criou as condições ideológicas para o triunfo do identitarismo. Os repetidos fracassos da esquerda clássica em oferecer respostas satisfatórias às opressões e discriminações garantiram as condições políticas para o triunfo do identitarismo, numa conjuntura longa de rebaixamento das expectativas anticapitalistas.

O feminismo identitário, o movimento negro identitário e os movimentos LGBTS identitários constituem modos de ocultar as cisões de classe que existem no interior das presumidas identidades, reforçando as autocriadas cisões identitárias existentes no interior das classes. A política identitária é uma forma de mobilizar não a classe trabalhadora, mas pessoas, pessoas oprimidas, pessoas periféricas, historicamente "silenciadas", pessoas discriminadas por um ou outro aspecto físico ou social. Nesse sentido, os motivos de insatisfação e contestação podem e, como vimos, costumam ser, legítimos, mas a forma de encará-los e o modo de organização da luta social pretendem, no âmbito do identitarismo, estar acima das divisões entre classes, apagando o que une a classe e reforçando o que a fragmenta, numa miríade quase sem fim de identidades que se sobrepõem e se somam em cada pessoa.

É comum, nos movimentos identitários, qualquer intervenção começar com uma auto apresentação, p. ex.: "meu nome é Fulana, sou mulher, sou negra, sou favelada, sou lésbica, estou desempregada, sempre fui silenciada, nunca tive voz, mas sou brasileira, sou batalhadora e hoje eu vou falar...". O apelo emotivo visa garantir de antemão uma modalidade de solidariedade baseada na vivência individual e não na comum inserção estrutural em tal ou tal esfera da produção e suas formas dinâmicas de sociabilidade. Visa, igualmente, desarmar e silenciar qualquer intervenção crítica que venha de algum sujeito que não carregue, em seu corpo ou em sua bagagem de vida, as mesmas experiências individuais daquela pessoa a quem se pretende interpor uma crítica por conta de algo que foi dito ou defendido. Com isso o identitarismo bloqueia a prática política, delimita o livre curso do debate de ideias e obstrui o confronto de ideologias, estabelecendo uma hierarquia discursiva de cariz fascista.

Em termos de desenvolvimento da ciência e do pensamento crítico as implicações do identitarismo são ainda mais nefastas, pois há uma hierarquização teórica de acordo com a identidade de quem as proferiu, e não de acordo com critérios objetivamente comparáveis etc. Assim, por exemplo, um debate sobre cotas raciais, dentro da Academia, é organizado e levado a cabo por negros, mesmo se naquele campus há um branco que conhece ou é especialista no tema. O mesmo quanto a textos ou debates acerca do machismo, lgbtfobia e etc.: confunde-se o fazer científico com o mero fato de que a visão de um sujeito oprimido acerca da própria opressão muitas vezes traz ou ressalta elementos importantes para a compreensão de facetas da temática.

Esquece-se, inclusive, que em termos de elaboração teórica e política a *vivência*, assim como pode ser um trunfo, pode ser uma desvantagem, pois o fato do sujeito sofrer na pele a opressão pode até mesmo levá-lo a *compreender menos* o caráter e estrutura da opressão, confundido por sentimentos de rancor, ódio, nojo, repulsa etc. Ou seja, mesmo em termos de comparação de vivências a questão se distancia de algo como a garantia de um maior saber científico ou "falar com propriedade": assim como uma mulher pode mostrar a um homem facetas do machismo, um homem pode ensinar à mulher outras facetas, como, por exemplo, as minúcias do processo histórico e cultural da formação de um machista desde a infância etc. A regra básica a se seguir é a de que é científico aquilo que encontra correspondência objetiva nos fatos: "o que foi dito", e não aquilo que se garante subjetivamente, por conta de "quem o disse". Não atoa o elogio pós-moderno ao discurso, em detrimento da ciência e da razão modernas, está na base metodológica de muitos dos teóricos precursores das políticas identitárias, como por exemplo, Michel Foucault, Michel de Certeau, os autores pós-colonialistas etc.

Se em termos teóricos o desastre identitário se anuncia, em termos políticos ele se completa: o resultado primário básico do identitarismo é a fragmentação da classe e seu enfraquecimento enquanto classe, pois a atuação de seus membros se dá em termos de identidades, resultando, inclusive, em alianças entre indivíduos que em termos de classe deveriam estar em guerra ou então resulta, por outro lado, em batalhas fratricidas entre indivíduos que deveriam, enquanto membros de uma mesma classe, estar unidos na luta contra inimigos em comum. A própria colocação estrutural do trabalhador enquanto oposto ao capitalista se converte em apenas mais uma identidade como qualquer outra, a identidade de se ser trabalhador e trabalhadora, o que na prática significa a recusa da noção de classe.

Em artigo de 2009, intitulado "Entre a luta de classes e o ressentimento", João Bernardo afirmou que

Numa época em que, perante a concentração transnacional do grande capital, os trabalhadores se encontram fragmentados, quando foram em boa medida dissolvidas as suas antigas relações de solidariedade e atenuado ou extinto o seu sentimento de classe, mais fácil se torna que eles encontrem nos pequenos patrões os leaders ou os modelos. No plano ideológico e psicológico, trata-se de substituir o espírito de classe pelo ressentimento, ou seja, o desejo de acabar com o capitalismo pela aspiração de subir dentro do capitalismo. O fascismo, na face que apresentou às massas populares, foi exactamente isto. [6]

Ao que parece, atualmente poderiam ser incluídas na lista dos "pequenos patrões" os chefes e as chefas das organizações identitárias. Retomando as reflexões daquele artigo, em *Labirintos do Fascismo* (2018) João Bernardo escreveu que "com o abandono da esperança revolucionária, a hostilidade de classe passava a assumir a forma degenerada do ressentimento".

Diluídas as redes de solidariedade, os trabalhadores já não apareciam como membros de uma classe e apresentavam-se como elementos das massas. Uma massa agitada pelo descontentamento, mas sem nenhuma expectativa que não se cingisse à sociedade existente − eis a base popular da revolta dentro da ordem. Foi nessa gente que o fascismo se apoiou para eliminar as chefias operárias tradicionais, isolar as vanguardas combativas e reorganizar o Estado consoante um novo modelo ditatorial. E fê-lo tanto mais facilmente quanto o refluxo do movimento revolucionário havia fragilizado a base de sustentação de socialistas e comunistas, e a repressão conduzida contra os trabalhadores mais ousados comprometera qualquer prestígio de que os governos liberais tivessem podido gozar entre a população humilde. (2018: 26)

Segundo este autor, o mesmo ressentimento que moveu e move os fascismos alimenta hoje em dia os identitarismos, o que expressa um ponto de convergência entre as formas clássicas de fascismo e o fascismo pós-fascista. O antagonismo existente entre o ressentimento e o espírito de classe é similar àquele que existe entre o identitarismo e a luta contra o capitalismo.

---

6. Cf. <*https://cutt.ly/JysizmP*>.

A pesquisa que levei a cabo me fez concluir que havendo modernização, ou seja, vencendo as empresas mais modernas e seus métodos de recrutamento de gestores com vistas à consolidação da infraestrutura social da mais-valia, as lutas pela igualdade de sexos, pelos direitos LGBTIQ+ e contra o racismo sairão "vitoriosas". Essas bandeiras já estão bem posicionadas e em uma sociedade profundamente modernizada o atendimento das pautas identitárias está assegurado, sendo apenas questão de tempo até as resistências de elites nacionais retrógradas serem quebradas pela força modernizante das empresas transnacionais. Estas estão priorizando estratégias voltadas não apenas para a P&D (Pesquisa e Desenvolvimento), mas também à I&D: inclusão e diversidade. A adoção empresarial da agenda da diversidade é vista como uma fonte de vantagem competitiva[7] e fator-chave para o crescimento econômico.

Embora a relação entre maior diversidade e crescimento econômico seja irrefutável[8], de acordo com uma das pesquisas da McKinsey o progresso nas implementações práticas

---

7. "Embora a correlação não seja igual à causalidade (maior diversidade étnica e de gênero na liderança corporativa não se traduz automaticamente em mais lucro), a correlação indica que, quando as empresas se comprometem com uma liderança diversificada, elas são mais bem-sucedidas. Acreditamos que as empresas mais diversificadas são mais capazes de conquistar os melhores talentos e melhorar a orientação para o cliente, a satisfação dos funcionários e a tomada de decisões, e tudo isso leva a um ciclo virtuoso de retornos crescentes. Isso, por sua vez, sugere que outros tipos de diversidade — por exemplo, em idade, orientação sexual e experiência (como uma mentalidade global e fluência cultural) — também podem trazer algum nível de vantagem competitiva para empresas que podem atrair e reter tal talento diverso." Cf. <https://cutt.ly/eysixYb>.

8. Quanto a isso, inclusive, os dados têm crescido: "usando dados de diversidade de 2014, descobrimos que as empresas no primeiro quartil para a diversidade de gênero em suas equipes executivas eram 15% mais propensas a ter uma lucratividade acima da média do que as empresas no quarto quartil.

de medidas que garantam a mobilidade social ascendente de mulheres, negros e LGBTS em todos os níveis da empresa tem sido demasiado lento. Os resultados, nalguns casos, apresentaram uma relativa desaceleração: "A grande maioria das empresas diz que está altamente comprometida com a diversidade racial e de gênero – mas as evidências indicam que muitas ainda não estão tratando a diversidade como o imperativo comercial. Isso é evidente na falta de progresso no *pipeline* [a presença da diversidade na estrutura hierárquica das carreiras dentro de cada empresa] nos últimos quatro anos".[9]

A lenta inserção de mais mulheres, negros e LGBTS em todos os níveis das carreiras e especialmente nos mais altos cargos de comando não tem mantido o grau de sucesso que se esperaria tendo em vista os dados de 2007 a 2015, o que pode indicar que demorará um tempo maior até que sejam extirpadas, nas grandes empresas, as disparidades de representação de gênero, raça e sexualidade nos cargos de comando. Em todo caso, os dados mais recentes não indicam, de modo algum, uma mudança da tendência.

O mais provável é que essa desaceleração e relativa estagnação dos avanços da agenda da diversidade tenham ocorrido por conta de uma mudança na política e nos ares dos EUA sob Trump, o que impacta decisivamente nas pesquisas, pois a maioria dos dados toma por base e se refere a empre-

---

Em nosso conjunto de dados expandido de 2017, esse número subiu para 21% e continuou sendo estatisticamente significativo. Para a diversidade étnica e cultural, a descoberta de 2014 foi uma probabilidade de 35 por cento de desempenho superior, comparável à descoberta de 2017 de uma probabilidade de 33 por cento de maior desempenho na margem do EBIT" (o lucro empresarial "puro", antes das deduções de juros, impostos etc.). cf. <https://cutt.ly/MysicJc>.

9. Cf. <https://cutt.ly/LysivMI>.

sas transnacionais de base estadunidense. Além disso, as pesquisas mais recentes têm expandido significativamente o arcabouço e volume de dados analisados, o que implica cada vez mais tomar como base também os dados de empresas menores, as quais, obviamente, estão menos aptas a ter sucesso na implementação de medidas voltadas para um quadro de comando empresarial mais colorido.

A pesquisa exposta neste livro tratou principalmente de *uma* das linhas tendenciais do capitalismo contemporâneo: aquela apresentada pelas maiores empresas transnacionais, e não pela média de empresas de todos os portes. A nosso ver o método marxista implica analisar os *casos mais desenvolvidos* e tomá-los como referência para vislumbrar as tendências históricas, que podem ou não se confirmar, pois a própria existência de uma tendência implica contratendências. É comum que os casos *típicos* mais desenvolvidos arrastem os casos menos desenvolvidos, ditando-lhes as linhas e caminhos a seguir. Ou, como é dito nas últimas linhas de um dos relatórios da *McKinsey Global Institute*: "Dados os retornos mais altos que a diversidade deve trazer, acreditamos que é melhor investir agora, já que os vencedores irão se expandir mais e os retardatários ficarão mais para trás".

O fato de esta tendência ser forte, o fato de a estratégia de absorção das pautas identitárias ser algo nitidamente benéfico ao sistema capitalista e às empresas que a implementam, não significa, de modo algum, que este caminho será seguido, pois o caráter anárquico da organização capitalista como um todo (especialmente por conta da atuação dos burgueses, proprietários de capital) está sempre em conflito com o caráter minuciosamente organizado das empresas administradas pela classe dos gestores. Esse conflito de estratégias e formas de gestão do capitalismo se dá em um terreno perme- ado de contradições que podem, porventura, impedir a vitó- ria da tendência apontada neste livro, dando lugar às formas mais nefastas e menos refinadas de exploração do trabalho. Trata-se, nalguma medida, de um embate entre formas arcai- cas e formas modernas de gestão das relações sociais e for- mas de organização da exploração do valor, sendo que nada garante que os mecanismos de mais-valia absoluta, embora pouco eficazes, sigam desempenhando papel central no sis- tema como um todo, o que implica que a violência seguirá desempenhando um papel mais central do que as refinadas formas de incremento da lucratividade por meio da assimila- ção da agenda da diversidade.

Assim, pode-se justamente levantar, contra as teses deste livro, *outras tendências* igualmente operantes no capitalismo dos dias atuais, como por exemplo, o encarceramento em massa e extermínio de negros e moradores das periferias, a financeirização e o crescimento do capital fictício etc. O mais plausível é que se trate de tendências complementares, mo- dos distintos de lidar com facetas da sociabilidade capitalista. A barbárie do capitalismo brucutu e a barbárie do capitalismo colorido podem conviver num mesmo mundo capitalista, onde uma e outra tendência assume a primazia a depender da região e da correlação de forças nos embates de classes e nas lutas sociais. Dito de modo direto: na teia de contradições do capitalismo atual, alguns negros serão selecionados para se- rem os novos gestores em empresas modernas enquanto ou- tros serão selecionados para serem pura e simplesmente ex- terminados e, do mesmo modo, algumas mulheres serão sele- cionadas para liderarem empresas, enquanto outras continu- arão a desempenhar funções rebaixadas na hierarquia social.

O processo de seleção, em si, não tem nada de novo. O que há de novo é a participação ativa da esquerda identitária no sentido de oferecer, ao capitalismo em crise, soluções que lhe permitem retomar o fôlego para novos ciclos de acumulação.

Num mundo de predominância da ideologia do empreendedorismo de si mesmo (Dardot e Laval) temos tanto os empreendedores coloridos, para os quais estão reservados assentos na mesa das elites, quanto os não empreendedores, carne barata a ser triturada nos moinhos repressivos do capital. A diferença, entretanto, é que enquanto algumas das tendências atuantes no cenário capitalista de hoje em dia são reciclagens, aprimoramentos e aprofundamentos de tendências conhecidas, este livro se debruçou sobre uma *tendência nova*, recentíssima, que envolve as práticas políticas do que se convencionou seguir chamando de "esquerda".

Se a agenda da diversidade está assegurada em um capitalismo desenvolvido, o que temos hoje é um novo conjunto de questões relacionadas à tentativa de constituir grupos à parte, que surjam e se consolidem enquanto grupos hierárquicos, elites destinadas a chefiar essas pretensas identidades. Isso desloca o problema da questão da desigualdade para a questão da formação de novas burocracias, o que é destrutivo não apenas em termos de pretensões anticapitalistas, mas também em termos de luta contra o racismo, a lgbtfobia e o machismo.

Se de fato a questão central, a ser enfrentada pela política anticapitalista, residir na formação de novas burocracias e de novas elites, os próprios identitários de destaque possuem o interesse de acentuar as cisões e os preconceitos de que são e de que dizem ser vítimas (o que vem a resultar no mesmo, numa cyber-sociedade calcada no espetáculo, na *performance* e no simulacro) e que lhes garante individualmente lugares de status e ascensão social.

Ao elevar midiática e ideologicamente o machismo, homofobia e racismo a patamares maiores que os reais estas elites identitárias consolidam-se como chefias de rebanhos cada vez maiores de trabalhadores e trabalhadoras, direcionando essas pessoas para modalidades de luta que não enfrentam de fato o racismo, o machismo e a lgbtfobia e sim garantem o desenvolvimento econômico e a ascensão de novas elites negras, femininas e LGBTs.

Por fim, se as teses defendidas neste livro constituem uma dura crítica às respostas identitárias às questões relativas às opressões, não muito melhor é a situação das teorias e organizações classistas que, malgrado os esforços, ainda não conseguiram oferecer, à classe trabalhadora, alternativas teóricas, práticas e organizativas que pudessem articular satisfatoriamente a luta contra a exploração e contra as formas de opressão, sentidas na pele cotidianamente.

Buscamos trazer alguns elementos para mostrar que, em termos de anticapitalismo, as propostas teórico-práticas identitárias são muito problemáticas. Resta-nos, enquanto trabalhadoras e trabalhadores interessados na construção de um mundo melhor, inventar e construir os alicerces políticos capazes de pôr fim tanto à exploração quanto ao racismo, machismo e outras formas de discriminação. Para tal, cabe observar com cuidado a relação de complementariedade ou antagonismo entre capitalismo e estas formas de opressão e dominação, bem como as formas como têm se dado o desenvolvimento econômico e a atuação de empresas e governos na conversão das lutas em torno de pautas identitárias em algo lucrativo que reforça o sistema.

Precisamos estar atentos às apropriações capitalistas das formas de luta e bandeiras que, mais fortemente nas últimas décadas, trabalhadores e trabalhadoras têm levantado enquanto questões essenciais para uma vida melhor. O desafio é grande e precisamos nos armar para estar à altura do que a história nos exige. Um primeiro passo é compreender e reconhecer os erros estratégicos das lutas sociais que empreendemos até aqui.

Bibliografia

ABBOTT, Lawrence J. et al. Female Board Presence and the Likelihood of Financial Restatement. *Accounting Horizons*, vol. 26, no. 4, 2012.

ABDULLAH, Shamsul et al. Women on Boards of Malaysian Firms: Impact on Market and Accounting Performance. *Social Science Research Network*, Working Paper Series, September 2012.

ABÍLIO, L. *Sem maquiagem. O trabalho de um milhão de revendedoras de cosméticos.* São Paulo: Boitempo, 2014.

ADAMS, R. B. & FERREIRA, D. Women in the Boardroom and Their Impact on Governance and Performance. *Journal of Financial Economics* 94, no. 2, 291–309, 2009.

ADLER, Roy. Profit, Thy Na me Is ... Woman? *Miller-McCune*, February 27, 2009.

ADRIÃO, K. G. et al. O movimento feminista brasileiro na virada do século XX: reflexões sobre sujeitos políticos na interface com as noções de democracia e autonomia. *Rev. Estud. Fem.* vol. 19 n. 3, Florianópolis, 2011.

AGUIAR, V. Empreendedores negros ainda têm dificuldade em conseguir crédito. 2014. Disponível em: <*https://cutt.ly/pysiWk5*>.

AHERN, Kenneth R. & DITTMAR, Amy K. The Changing of the Boards: the Impact of Firm Valuation of Mandated Female Board Representation. *Quarterly Journal of Economics* 127, no. 1, 137–97, 2012.

ALVAREZ, S. Um outro mundo (também feminista...) é possível: construindo espaços transnacionais e alternativas globais a partir dos movimentos. *Rev. Estud. Fem.* vol. 11 n. 2, Florianópolis, 2003.

ARANTES, Durval. A História africana pode resgatar a autoestima dos afrodescendentes. 2015. Disponível em: <*https://cutt.ly/OysiE3z*>.

ASHCRAFT, C. & BREITZMAN, A. Who Invents IT?: An Analysis of Women's Participation in Information Technology Patenting. *National Center for Women & Information Technology*, 2007.

AVERY, Derek R. et al. Is There Method to the Madness? Examining How Racioethnic Matching Influences Retail Store Productivity. *Personnel Psychology*, vol. 65, Spring 2012.

BAIN & COMPANY. Sem atalhos: O caminho para as mulheres alcançarem o topo. 2013.

BANCO MUNDIAL. Igualdade de Gênero e Desenvolvimento. 2012. Disponível em: <*http://siteresources.worldbank.org/INTWDR2012*>.

BARSTED, L. L. As relações da Revista Estudos Feministas com os movimentos de mulheres. *Rev. Estud. Fem.* vol. 16 n. 1 Florianópolis, 2008.

BASTHI, A. (org.). *Guia para Jornalistas sobre Gênero, Raça e Etnia*. Brasília: ONU Mulheres; Federação Nacional dos Jornalistas (FENAJ); Fundo de Alcance dos Objetivos do Milênio (F-ODM). 2014.

BEAR, Stephen et al. The Impact of Board Diversity and Gender Composition on Corporate Social Responsibility and Firm Reputation. *Journal of Business Ethics*, vol. 97, n. 2, 2010.

BERNARDO, J. *Democracia totalitária*. Rio de Janeiro: Cortez, 2005.

_____. *Economia dos conflitos sociais*. São Paulo: Expressão Popular, 2009.

_____. A geopolítica das companhias transnacionais. *Passa Palavra*, 2011. Disponível em: <*https://cutt.ly/gysiNoM*>.

_____. *Labirintos do fascismo: na encruzilhada da ordem e da revolta*. 3ª versão, revista e aumentada, 2018. Disponível em: Disponível em: <*http://tiny.cc/ju8vnz*>.

BLACKWELL, M. & NABER, N. Interseccionalidade em uma era de globalização. As implicações da Conferência Mundial contra o Racismo para práticas feministas transnacionais. *Rev. Estud. Fem.* vol. 10 n. 1 Florianópolis, 2002.

BLAZOVICH, Janell L. et al. Do Gay-friendly Corporate Policies Enhance Firm Performance? *Social Science Research Network*, Working Paper Series, 2013.

BORGES, P. As faces do empreendedorismo negro. 2016. Disponível em: <*http://almapreta.com/realidade/as-faces-do-empreendedorismo-negro/*>.

BOSETTI, V. et al. Migration, Cultural Diversity and Innovation: A European Perspective. *Innocenzo Gasparini Institute for Economic Research*, Working Paper n. 469, 2012.

BRAMMER, Stephen et al. Corporate Reputation and Women on the Board. *British Journal of Management*, vol. 20, n. 1, 2009.

BRITO, F. & OLIVEIRA, P. R. *Até o último homem. Visões cariocas da administração armada da vida social*. São Paulo: Boitempo, 2013.

CAMPBELL, K. & MINGUEZ-VERA, A. Gender Diversity in the Boardroom and Firm Financial Performance. *Journal of Business Ethics* 83, n. 3, 2008.

_____. Female Board Appointments and Firm Valuation: Short and Long-Term Effects. *Journal of Management and Governance*, vol. 14, no. 1, 2009.

CASTRO, C. Apple não quer mais mulheres nem negros nas chefias. 2016. Disponível em: <*http://economico.sapo.pt/noticias/apple-nao-quer-mais-mulheres-nem-negros-nas-chefias_239802.html*>.

CATALYST. Engaging men in gender initiatives: What change agents need to know. New York, 2009.

_____. The Bottom Line: Corporate Performance and Women's Representation on Boards (2004–2008). Nancy M. Carter and Harvey M. Wagner. 2011.

_____. Advancing Women Leaders: The Connection Between Women Board Directors and Women Corporate Officers. Lois Joy. 2008.

_____. EU Legal Instruments for Gender Quotas in Management Boards. New York. 2013.

_____. Why Diversity Matters. July 2013. Disp. em: <*http://tiny.cc/v38vnz*>.

_____. Advancing Women Leaders: The Connection Between Women Board Directors and Women Corporate Officers. Lois JOY, 2008.

CEERT. Cabo Verde entre 10 países africanos com políticas mais favoráveis às mulheres. Disponível em: <*http://www.ceert.org.br/en/noticias/genero-mulher/10625/cabo-verde-entre-10-paises-africanos-com-politicas-mais-favoraveis-as-mulheres*>.

_____. Pesquisa pretende conhecer os negros empreendedores brasileiros. 2015. Disponível em: <*https://cutt.ly/pysi7tc*>.

_____. Pela primeira vez, negros são maioria dos empreendedores no Brasil, porém desigualdades persistem. 2015. Disponível em: <*https://cutt.ly/Xysi7J4*>.

_____. O fosso entre brancos e negros no mercado de trabalho. 2016. Disponível em: <*https://cutt.ly/Iysi5gQ*>.

_____. Mercado de trabalho: Desigualdades de raça e gênero no executivo federal. 2015. Disponível em: <*https://cutt.ly/6ysi52G*>.

COSTA, C. L. As publicações feministas e a política transnacional da tradução: reflexões do campo. *Rev. Estud. Fem.* vol. 11 n. 1 Florianópolis, 2003.

_____. Feminismos e pós-colonialismos. *Rev. Estud. Fem.* vol. 21 n. 2 Florianópolis, 2013

CREDIT SUISSE RESEARCH INSTITUTE. Gender Diversity and Corporate Performance. August. Zurich. 2012.

DALE-OLSEN, H.; SCHØNE, P. & VERNER, M. Diversity among Directors: The Impact on Performance of a Quota for Women on Company Boards. *Feminist Economics* 19, no. 4: 110–35. 2014.

DEVILLARD, S.; HUNT, V. & YEE, L. Still looking for room at the top: Ten years of research on women in the workplace. 2018. Disponível em: <*https://cutt.ly/gysoqEq*>.

DEZSO, C. & ROSS, D. When Women Rank High, Firms Profit. *Columbia Business School Ideas at Work*, June 2008.

_____. Does Female Representation in Top Management Improve Firm Performance? A Panel Data Investigation. *Strategic Management Journal*, vol. 33, n. 9, 2012.

DIAS, T. A relação entre mulheres no comando e o lucro das empresas. 2016. Disponível em: <*https://cutt.ly/yysowMR*>.

DINIZ, D. & FOLTRAN, P. Gênero e feminismo no Brasil: uma análise da Revista Estudos Feministas. *Rev. Estud. Fem.* vol. 12 Número Especial, Florianópolis, 2004.

ERHARDT, Niclas L.; WERBEL, James D. & SHRADER, Charles B. Board of Director Diversity and Firm Financial Performance. *Corporate Governance: An International Review* 11, April: 102–11. 2003.

EU (European Union). The Quota-Instrument: Different Approaches across Europe. European Commission Network to Promote Women in Decision-Making in Politics and the Economy. Brussels. 2011.

_____. More women in senior positions. Key to economic stability and growth. 2010. Disponível em: <*http://ec.europa.eu/danmark/documents/alle_emner/beskaeftigelse/more_women_in_senior_positions.pdf*>.

EXAME. Negros já são maioria entre empreendedores. 2015. Disponível em: <*https://cutt.ly/2ysoe54*>.

FERREIRA, E. S. & BORGES, D. T. Caderno Espaço Feminino: ampliando espaços e enfrentando desafios. *Rev. Estud. Fem.* vol. 12 no. spe Florianópolis, 2004.

FLABBI, Luca et al. Do Female Executives Make a Difference? The Impact of Female Leadership on Firm Performance and Gender Gaps in Wages and Promotions, August 7, 2012.

FOLKMAN, Zenger. A Study in Leadership: Women do it Better than Men (2012); Jack Zenger and Joseph Folkman, Are Women Better Leaders than Men? HBR *Blog Network*, March 15, 2012.

FRANCOEUR, Claude et al. Gender Diversity in Corporate Governance and Top Management. *Journal of Business Ethics*, vol. 81, no. 1, 2008.

FRASER, N. Mapeando a imaginação feminista: da redistribuição ao reconhecimento e à representação. *Revista Estudos Feministas*, Florianópolis, v. 15, n. 2, maio de 2007.

_____. Reconhecimento sem ética? *Lua Nova*, São Paulo, v. 70, 2007b.

GROSSI, M. P. A Revista Estudos Feministas faz 10 anos: uma breve história do feminismo no Brasil. *Rev. Estud. Fem.* vol. 12, Número especial, Florianópolis, 2004.

HEFORSHE. Movimento ElesPorElas (HeForShe) de Solidariedade da ONU Mulheres pela Igualdade de Gênero – Visão Geral, Empresas, Universidades, Governos, Kit de Ação. Disponível em: <*http://www.onumulheres.org.br/wp-content/uploads/2015/03/*>.

HERRING, Cedric. Does Diversity Pay? Race, Gender, and the Business Case for Diversity. *American Sociological Review*, vol. 74, n. 2, 2009.

HOMAN, Astrid C. & GREER, Lindred L. Considering Diversity: The Positive Effects of Considerate Leadership in Diverse Teams. *Group Processes Intergroup Relations*, vol. 16, n. 1, January 2013.

HUNT, V.; LAYTON, D. & PRINCE, S. Why diversity matters. jan. 2015. Disponível em: <*https://cutt.ly/RysotCq*>.

INSTITUTO ETHOS & IBOPE INTELIGÊNCIA. Perfil Social, Racial e de Gênero das 500 Maiores Empresas do Brasil e Suas Ações Afirmativas. 2010.

INSTITUTO ETHOS, BID, PREFEITURA DE SÃO PAULO. Perfil Social, Racial e de Gênero dos 200 Principais Fornecedores da Prefeitura de São Paulo. 2016.

INSTITUTO ETHOS. Gestão para a Diversidade. Moda ou veio para ficar? 2015. Disponível em: <*https://cutt.ly/JysouiT*>.

_____. Por mais diversidade no Oscar e nas corporações. 2016. Disponível em: <*https://cutt.ly/UysoisD*>.

_____. Novos caminhos para a gestão da diversidade. 2016. Disponível em: <*https://cutt.ly/Nysoi9M*>.

_____. Mais mulheres nos conselhos de administração mudam a maneira de fazer negócio? 2012. Disponível em: <*https://cutt.ly/iysoaqD*>.

_____. O Fórum São Paulo Diverso e a importância das empresas na luta pela igualdade. 2015. Disponível em: <https://cutt.ly/cysosk5>.

_____. Novos indicadores Ethos-MM360 para promoção da equidade de gênero estão disponíveis para sugestões em consulta pública. 2015. Disponível em: <https://cutt.ly/Lysos5M>.

_____. A presença feminina nas empresas. 2015. Disponível em: <https://cutt.ly/7ysod9p>.

_____. A promoção da igualdade racial pelas empresas. 2013. Disponível em: <https://cutt.ly/eysof7a>.

INSTITUTO ADOLPHO BAUER. Desafios para o empreendedorismo negro. 2016. Disponível em: <https://cutt.ly/oysogLb>.

IPEA. Nota Técnica IPEA 2011 (maio, n. 8). Planejamento e Financiamento das Políticas para as Mulheres: possibilidades para o Plano Plurianual 2012–2015. Disponível em: <https://cutt.ly/KysohcW>.

JACOME, M. L. & VILLELA, S. (org.). *Orçamentos sensíveis a gênero: Conceitos*. ONU Mulheres. Brasília. 2012 e 2012a.

_____ (org.). *Orçamentos sensíveis a gênero: Experiências*. ONU Mulheres. Brasília. 2012b.

JAIME, P. Executivos negros e movimento antirracista no Brasil. 2013. Disponível em: <https://cutt.ly/iysojoM>.

JOECKS, Jasmin et al. Gender Diversity in the Boardroom and Firm Performance: What Exactly Constitutes a "Critical Mass"? *Social Sciences Research Network*, Working Paper Series, February 2012.

JURKUS, A. P. & WOODWARD. L. Women in Top Management and Agency Costs. *Journal of Business Research* 64, no. 2, 2011.

LAGO, M. C. S. Revista estudos feministas, Brasil, 16 anos: uma narrativa. *Ex aequo*, n. 19 Vila Franca de Xira, 2009.

LARKIN, Meredith B. et al. Board Gender Diversity, Corporate Reputation and Market Performance. *International Journal of Banking and Finance*, vol. 9, n. 1, 2012.

LOPES, M. M. & PISCITELLI, A. Revistas científicas e a constituição do campo de estudos de gênero: um olhar desde as "margens". *Rev. Estud. Fem.* vol. 12, Número especial, Florianópolis, 2004.

MANDEL, E. *O capitalismo tardio*. São Paulo: Editora Abril, 1982.

MARIMUTHU, M. Ethnic and Gender Diversity in Boards of Directors and Their Relevance to Financial Performance of Malaysian Companies, 2009.

MATOS, M. Teorias de gênero ou teorias e gênero? Se e como os estudos de gênero e feministas se transformaram em um campo novo para as ciências. *Rev. Estud. Fem.* vol.16 n. 2 Florianópolis, 2008.

MATSA, David A. & MILLER, Amalia R. A Female Style in Corporate Leadership? Evidence from Quotas. *American Economic Journal: Applied Economics* 5, no. 3, 136–69, 2013.

MAYORGA, C. et al. As críticas ao gênero e a pluralização do feminismo: colonialismo, racismo e política heterossexual. *Rev. Estud. Fem.* vol. 21 n. 2 Florianópolis, 2013.

MCKINSEY & COMPANY. Women Matter: A Corporate Performance Driver, 2007.

_____. Unlocking the Full Potential of Women at Work. New York. 2012a.

_____. Women Matter: Making the Breakthrough. 2012b.

_____. Women Matter: A Latin American Perspective. Unlocking Women's Potential to Enhance Corporate Performance. New York. 2013.

_____. The Power of Parity: How Advancing Women's Equality Can Add $12 Trillion to Global Growth. New York. 2015.

_____. Skill shift: Automation and the future of the workforce. Discussion Paper. May 2018. Disponível em: <*https://cutt.ly/1ysoj7U*>.

_____; LeanIn.Org. Women in the Workplace, 2018. Disponível em: <*https://cutt.ly/7ysokEo*>.

_____. Delivering through diversity. January 2018. Disponível em: <*https://cutt.ly/MysozeY*>.

_____. Closing the tech gender gap through philanthropy and corporate social responsibility. September 2018. Disponível em: <*https://cutt.ly/FysozV1*>.

MEYER. D. E. et al. Vulnerabilidade, gênero e políticas sociais: a feminização da inclusão social. *Rev. Estud. Fem.* vol. 22 no. 3 Florianópolis, 2014.

MINELLA, L. S. et al. Feminismos e publicações: pulsações de teorias e movimentos. *Rev. Estud. Fem.* vol. 12, Número Especial, Florianópolis Set/Dez de 2004.

_____. A contribuição da Revista Estudos Feministas para o debate sobre gênero e feminismo. *Rev. Estud. Fem.* vol. 12 no. spe Florianópolis, 2004.

MOND, N. Construindo espaços transnacionais a partir dos feminismos. *Rev. Estud. Fem.* vol. 11 n. 2 Florianópolis, 2003.

MONTESINOS, V. Feministas e tecnocratas na democratização da América Latina. *Rev. Estud. Fem.* vol. 11 n. 2 Florianópolis, 2003.

MYERS, A. O valor da diversidade racial nas empresas. *Estud. afro-asiát.* v. 25 n. 3 Rio de Janeiro, 2003.

_____. Executivos negros, um olhar comparativo Brasil X EUA. Disponível em: <*https://cutt.ly/pysoxBl*>. 2016.

NIELSEN, B. & NIELSEN, S. Top Management Team Nationality Diversity and Firm Performance: A Multilevel Study. *Strategic Management Journal*, vol. 34, 2013.

OIT. Women in Business and Management: Gaining momentum. Organização Internacional do Trabalho 2015. Disp. em: <*https://cutt.ly/5ysovwV*>.

ONU. As Nações Unidas e as Políticas de Redução da Desigualdade Racial. Brasília, 3 de março de 2010. Disponível em: <*https://cutt.ly/Iysov8n*>.

ONU MUJERES. Informe de los Objetivos de Desarrollo del Milenio: gráfica de género 2012. Disponível em: <*https://cutt.ly/yysob8z*>.

UN WOMEN. Un women executive director: We're here together tonight to mobilize a vast, far-reaching solidarity movement of men and boys. 2014.

_____. Training for gender equality and women's empowerment. Disponível em: <*https://cutt.ly/8ysonDP*>.

_____. Progress of the world's women 2015–2016. Transforming economies, Realizing rights. 2015.

ONU MULHERES. Informe Anual 2015–2016, 2014–2015, 2013–2014, 2012–2013 e 2011–2012. Disponível em: <*https://cutt.ly/5ysomQ6*>.

_____. Princípios do empoderamento das mulheres. ONU Mulheres, Pacto Global Rede Brasileira. 2016. Disponível em: <*http://portuguese.weprinciples.org/*>.

_____. O futuro que as mulheres querem. ONU Mulheres e Rio+20. 2012. Disponível em: <*https://cutt.ly/hysoQoT*>.

_____. Modelo de protocolo latino-americano para investigação de mortes violentas de mulheres (femicídios/feminicídios). ONU Mulheres. 2014.

_____. Movimento ElesPorElas (HeForShe) de Solidariedade da ONU Mulheres pela Igualdade de Gênero. Disponível em: <*https://cutt.ly/7ysoEtQ*>.

OTONI, I. Sem emprego para trans. 2014. Disponível em: <*http://www.revista-forum.com.br/digital/132/sem-emprego-para-trans/*>.

PALMISANO, S. J. The Globally Integrated Enterprise. *Foreign Affairs*, Maio-Junho de 2006.

PAOLI, M. C. O mundo do indistinto: sobre gestão, violência e política. In: *A era da indeterminação*. São Paulo: Boitempo, 2007.

PARROTTA, et al. The Nexus Between Labor Diversity and Firm's Innovation. Discussion Paper Series, *Forschungsinstitut zur Zukunft der Arbeit*, n. 6972, October 2012.

PASSA PALAVRA. Dossiê: Feminismo. Disponível em: <*https://cutt.ly/5ysoRFI*>.

PAUL, L. & DONAGGIO, A. Participação de mulheres em cargos de alta direção: Relações sociais de gênero, Direito Societário e Governança Corporativa. Fundação Getúlio Vargas. 2013.

PERRIN, F. Boicote às empresas sem negros. 2015. Disponível em: <*http://www.ceert.org.br/*>.

PORTO, R. M. Consórcio de publicações feministas: a visibilidade do feminismo e sua divulgação. *Rev. Estud. Fem.* vol. 12, Número especial, Florianópolis, 2004.

PURI, Lakshmi. Women in leadership, women empowered, and women at the helm make a difference. 2016. Disponível em: <*https://cutt.ly/nysoYYm*>.

REN, Ting & WANG, Zheng. Female Participation in TMT and Firm Performance: Evidence from Chinese Private Enterprises. *Nankai Business Review International*, vol. 2, n. 2, 2011.

RIBEIRO, Djamila. O perfil do empreendedor negro no Brasil. Carta Capital. 09/12/2015.

SCHMIDT, S. P. Como e por que somos feministas. *Rev. Estud. Fem.* vol. 12, Número especial, Florianópolis, 2004.

SCHULD, Kimberly. How the Ford Foundation Created Women's Studies. *FrontPageMagazine.com*, Friday, 2004.

SEBRAE SP. Negros são donos de metade das micro e pequenas empresas. 10/09/2013.

SILVA, Carmen. Desafios das publicações feministas. *Rev. Estud. Fem.*, vol. 21, n. 2, 2013

SMITH, N. & VERNER, M. Do Women in Top Management Affect Firm Performance? A Panel Study of 2500 Danish Firms. *International Journal of Productivity and Performance Management* 55, n. 7, 2006.

SPITZ, C. Cresce parcela de empregadores negros no Brasil em dez anos. Jornal *O Globo*, 27/06/2013.

TAVARES, R. R. Igualdade de gênero e o empoderamento das mulheres. In: BARSTED, L. L. & PITANGUY, J. *O Progresso das Mulheres no Brasil 2003–2010*. ONU Mulheres, 2011.

TERJESEN, Siri & SINGH, Val. Female Presence on Corporate Boards: A Multi-Country Study of Environmental Context. *Journal of Business Ethics*, vol. 83, n. 1, 2008.

TOMMASI, L. Culturas de periferia: entre o mercado, os dispositivos de gestão e o agir político. *Política & Sociedade*, v. 12, p. 11–34, 2013b.

_____. "Guerra ao tráfico", violência policial e os limites da democracia brasileira. *Revista IEB*, v. 59, p. 397–404, 2014b.

_____. Juventude, projetos sociais, empreendedorismo e criatividade: dispositivos, artefatos e agentes para o governo da população jovem. *Passagens: Revista Internacional de História Política e Cultura Jurídica*, v. 6, p. 287–311, 2014.

_____; VELAZCO, D. J. A produção de um novo regime discursivo sobre as favelas cariocas e as muitas faces do empreendedorismo de base comunitária. *Revista do Instituto de Estudos Brasileiros*, v. 0, p. 15–42, 2013.

TORCHIA, Mariateresa et al. Women Directors on Corporate Boards: From Tokenism to Critical Mass. *Journal of Business Ethics*, v. 102, 2011.

VEIGA, A. M. Uma viagem transnacional do feminismo: outra lente para a história. *Rev. Estud. Fem.* vol. 17 n. 3 Florianópolis, 2009.

VOROS, I. Negro se apresenta mais cedo ao mercado de trabalho e sai mais tarde. 2015. Disponível em: <*http://www.redebrasilatual.com.br/cidadania/2015/11/negro-se-apresenta-mais-cedo-ao-mercado-de-trabalho-e-sai-mais-tarde-9284.html*>.

WILL. A teoria dos privilégios, uma política da derrota. 2014. Disponível em: <*https://cutt.ly/fysoU4A*>.

WOOSTER, Martin Morse. The Ford Foundation's International Agenda: Supports Palestinian, Feminist and Population Control Groups. 2004.

WORLD ECONOMIC FORUM, Global Gender Gap Report 2012 e 2014. Cologny, Switzerland. Disponível em: <*http://reports.weforum.org/global-gender-gap-report-2014/pressreleases/*>.

HEDRA EDIÇÕES

1. *Don Juan*, Molière
2. *Contos indianos*, Mallarmé
3. *Triunfos*, Petrarca
4. *O retrato de Dorian Gray*, Wilde
5. *A história trágica do Doutor Fausto*, Marlowe
6. *Os sofrimentos do jovem Werther*, Goethe
7. *Dos novos sistemas na arte*, Maliévitch
8. *Metamorfoses*, Ovídio
9. *Micromegas e outros contos*, Voltaire
10. *O sobrinho de Rameau*, Diderot
11. *Carta sobre a tolerância*, Locke
12. *Discursos ímpios*, Sade
13. *O príncipe*, Maquiavel
14. *Dao De Jing*, Lao Zi
15. *O fim do ciúme e outros contos*, Proust
16. *Pequenos poemas em prosa*, Baudelaire
17. *Fé e saber*, Hegel
18. *Joana d'Arc*, Michelet
19. *Livro dos mandamentos: 248 preceitos positivos*, Maimônides
20. *O indivíduo, a sociedade e o Estado, e outros ensaios*, Emma Goldman
21. *Eu acuso!*, Zola | *O processo do capitão Dreyfus*, Rui Barbosa
22. *Apologia de Galileu*, Campanella
23. *Sobre verdade e mentira*, Nietzsche
24. *O princípio anarquista e outros ensaios*, Kropotkin
25. *Os sovietes traídos pelos bolcheviques*, Rocker
26. *Poemas*, Byron
27. *Sonetos*, Shakespeare
28. *A vida é sonho*, Calderón
29. *Escritos revolucionários*, Malatesta
30. *Sagas*, Strindberg
31. *O mundo ou tratado da luz*, Descartes
32. *Fábula de Polifemo e Galateia e outros poemas*, Góngora
33. *A vênus das peles*, Sacher-Masoch
34. *Escritos sobre arte*, Baudelaire
35. *Cântico dos cânticos*, [Salomão]
36. *Americanismo e fordismo*, Gramsci
37. *O princípio do Estado e outros ensaios*, Bakunin
38. *Balada dos enforcados e outros poemas*, Villon
39. *Sátiras, fábulas, aforismos e profecias*, Da Vinci
40. *O cego e outros contos*, D.H. Lawrence
41. *Rashômon e outros contos*, Akutagawa
42. *História da anarquia (vol. 1)*, Max Nettlau
43. *Imitação de Cristo*, Tomás de Kempis

44. *O casamento do Céu e do Inferno*, Blake
45. *Flossie, a Vênus de quinze anos*, [Swinburne]
46. *Teleny, ou o reverso da medalha*, [Wilde et al.]
47. *A filosofia na era trágica dos gregos*, Nietzsche
48. *No coração das trevas*, Conrad
49. *Viagem sentimental*, Sterne
50. *Arcana Cælestia e Apocalipsis revelata*, Swedenborg
51. *Saga dos Volsungos*, Anônimo do séc. XIII
52. *Um anarquista e outros contos*, Conrad
53. *A monadologia e outros textos*, Leibniz
54. *Cultura estética e liberdade*, Schiller
55. *Poesia basca: das origens à Guerra Civil*
56. *Poesia catalã: das origens à Guerra Civil*
57. *Poesia espanhola: das origens à Guerra Civil*
58. *Poesia galega: das origens à Guerra Civil*
59. *O pequeno Zacarias, chamado Cinábrio*, E.T.A. Hoffmann
60. *Entre camponeses*, Malatesta
61. *O Rabi de Bacherach*, Heine
62. *Um gato indiscreto e outros contos*, Saki
63. *Viagem em volta do meu quarto*, Xavier de Maistre
64. *Hawthorne e seus musgos*, Melville
65. *A metamorfose*, Kafka
66. *Ode ao Vento Oeste e outros poemas*, Shelley
67. *Feitiço de amor e outros contos*, Ludwig Tieck
68. *O corno de si próprio e outros contos*, Sade
69. *Investigação sobre o entendimento humano*, Hume
70. *Sobre os sonhos e outros diálogos*, Borges | Osvaldo Ferrari
71. *Sobre a filosofia e outros diálogos*, Borges | Osvaldo Ferrari
72. *Sobre a amizade e outros diálogos*, Borges | Osvaldo Ferrari
73. *A voz dos botequins e outros poemas*, Verlaine
74. *Gente de Hemsö*, Strindberg
75. *Senhorita Júlia e outras peças*, Strindberg
76. *Correspondência*, Goethe | Schiller
77. *Poemas da cabana montanhesa*, Saigyō
78. *Autobiografia de uma pulga*, [Stanislas de Rhodes]
79. *A volta do parafuso*, Henry James
80. *Ode sobre a melancolia e outros poemas*, Keats
81. *Carmilla — A vampira de Karnstein*, Sheridan Le Fanu
82. *Pensamento político de Maquiavel*, Fichte
83. *Inferno*, Strindberg
84. *Contos clássicos de vampiro*, Byron, Stoker e outros
85. *O primeiro Hamlet*, Shakespeare
86. *Noites egípcias e outros contos*, Púchkin
87. *Jerusalém*, Blake
88. *As bacantes*, Eurípides

89. *Emília Galotti*, Lessing
90. *Viagem aos Estados Unidos*, Tocqueville
91. *Émile e Sophie ou os solitários*, Rousseau
92. *Manifesto comunista*, Marx e Engels
93. *A fábrica de robôs*, Karel Tchápek
94. *Sobre a filosofia e seu método — Parerga e paralipomena (v. II, t. I)*, Schopenhauer
95. *O novo Epicuro: as delícias do sexo*, Edward Sellon
96. *Revolução e liberdade: cartas de 1845 a 1875*, Bakunin
97. *Sobre a liberdade*, Mill
98. *A velha Izerguil e outros contos*, Górki
99. *Pequeno-burgueses*, Górki
100. *Primeiro livro dos Amores*, Ovídio
101. *Educação e sociologia*, Durkheim
102. *A nostálgica e outros contos*, Papadiamántis
103. *Lisístrata*, Aristófanes
104. *A cruzada das crianças/ Vidas imaginárias*, Marcel Schwob
105. *O livro de Monelle*, Marcel Schwob
106. *A última folha e outros contos*, O. Henry
107. *Romanceiro cigano*, Lorca
108. *Sobre o riso e a loucura*, [Hipócrates]
109. *Hino a Afrodite e outros poemas*, Safo de Lesbos
110. *Anarquia pela educação*, Élisée Reclus
111. *Ernestine ou o nascimento do amor*, Stendhal
112. *Odisseia*, Homero
113. *O estranho caso do Dr. Jekyll e Mr. Hyde*, Stevenson
114. *História da anarquia (vol. 2)*, Max Nettlau
115. *Sobre a ética — Parerga e paralipomena (v. II, t. II)*, Schopenhauer
116. *Contos de amor, de loucura e de morte*, Horacio Quiroga
117. *Memórias do subsolo*, Dostoiévski
118. *A arte da guerra*, Maquiavel
119. *Elogio da loucura*, Erasmo de Rotterdam
120. *Oliver Twist*, Dickens
121. *O ladrão honesto e outros contos*, Dostoiévski
122. *Sobre a utilidade e a desvantagem da história para a vida*, Nietzsche
123. *Édipo Rei*, Sófocles
124. *Fedro*, Platão
125. *A conjuração de Catilina*, Salústio
126. *O chamado de Cthulhu*, H. P. Lovecraft

METABIBLIOTECA

1. *O desertor*, Silva Alvarenga
2. *Tratado descritivo do Brasil em 1587*, Gabriel Soares de Sousa
3. *Teatro de êxtase*, Pessoa

4. *Oração aos moços*, Rui Barbosa
5. *A pele do lobo e outras peças*, Artur Azevedo
6. *Tratados da terra e gente do Brasil*, Fernão Cardim
7. *O Ateneu*, Raul Pompeia
8. *História da província Santa Cruz*, Gandavo
9. *Cartas a favor da escravidão*, Alencar
10. *Pai contra mãe e outros contos*, Machado de Assis
11. *Iracema*, Alencar
12. *Auto da barca do Inferno*, Gil Vicente
13. *Poemas completos de Alberto Caeiro*, Pessoa
14. *A cidade e as serras*, Eça
15. *Mensagem*, Pessoa
16. *Utopia Brasil*, Darcy Ribeiro
17. *Bom Crioulo*, Adolfo Caminha
18. *Índice das coisas mais notáveis*, Vieira
19. *A carteira de meu tio*, Macedo
20. *Elixir do pajé — poemas de humor, sátira e escatologia*, Bernardo Guimarães
21. *Eu*, Augusto dos Anjos
22. *Farsa de Inês Pereira*, Gil Vicente
23. *O cortiço*, Aluísio Azevedo
24. *O que eu vi, o que nós veremos*, Santos-Dumont

«SÉRIE LARGEPOST»

1. *Dao De Jing*, Lao Zi
2. *Escritos sobre literatura*, Sigmund Freud
3. *O destino do erudito*, Fichte
4. *Diários de Adão e Eva*, Mark Twain
5. *Diário de um escritor (1873)*, Dostoiévski

«SÉRIE SEXO»

1. *A vênus das peles*, Sacher-Masoch
2. *O outro lado da moeda*, Oscar Wilde
3. *Poesia Vaginal*, Glauco Mattoso
4. *Perversão: a forma erótica do ódio*, Stoller
5. *A vênus de quinze anos*, [Swinburne]
6. *Explosao: romance da etnologia*, Hubert Fichte

COLEÇÃO «QUE HORAS SÃO?»

1. *Lulismo, carisma pop e cultura anticrítica*, Tales Ab'Sáber
2. *Crédito à morte*, Anselm Jappe

3. *Universidade, cidade e cidadania*, Franklin Leopoldo e Silva
4. *O quarto poder: uma outra história*, Paulo Henrique Amorim
5. *Dilma Rousseff e o ódio político*, Tales Ab'Sáber
6. *Descobrindo o Islã no Brasil*, Karla Lima
7. *Michel Temer e o fascismo comum*, Tales Ab'Sáber
8. *Lugar de negro, lugar de branco?*, Douglas Rodrigues Barros
9. *Racismo, machismo, capitalismo identitário*, Pablo Polese
10. *A linguagem fascista*, Carlos Piovezani e Emilio Gentile

COLEÇÃO «ARTECRÍTICA»

1. *Dostoiévski e a dialética*, Flávio Ricardo Vassoler
2. *O renascimento do autor*, Caio Gagliardi
3. *O homem sem qualidades à espera de Godot*, Robson de Oliveira

«NARRATIVAS DA ESCRAVIDÃO»

1. *Incidentes da vida de uma escrava*, Harriet Jacobs
2. *Nascidos na escravidão: depoimentos norte-americanos*, WPA
3. *Narrativa de William W. Brown, escravo fugitivo*, William Wells Brown

COLEÇÃO «WALTER BENJAMIN»

1. *O contador de histórias e outros textos*, Walter Benjamin
2. *Diário parisiense e outros escritos*, Walter Benjamin

Adverte-se aos curiosos que se imprimiu este livro em nossas oficinas, em 20 de novembro de 2020, em tipologia Libertine, com diversos sofwares livres, entre eles, LuaLᴬTᴇX, git & ruby.
(v. 2d11d2c)